Øster Søgade
Øster Farimagsgade
Stockholmsgade
Dag Hamma
Sølvgade
Øster Voldgade
NYBODER
41
Kunstindustri-
museet
40
Amaliegade
Bred-
gade
Kongensgade
Amalienborg
39
38
37
St. Annæ Plads
Rosenborg
44
42
Kongens
Have
43
Kronprinsessegade
Gothersgade
Store
Rundetårn
11
Kongens
Nytorv
31
28
35
Nyhavn
36
Vor
Frue
Kirke
10
12
Købmagergade
27
Østergade
32
30
29
Charlotten-
borg
34
33
26
Tordenskjoldsgd.
15
Amagertorv
14
25
Fortunstr.
2
Højbro
Plads
24
23
3
Nytorv
Badstuestr.
Hyskenstr.
5
17
16
4
6
20
Christiansborg
Inderhavn
7
National
Museet
18
22
Börse
19
13
Altes
Hoftheater
Vester Voldgade
21
Kgl. Bibliotek
Dantes
Plads
46
Glyptoteket
Christians Brygge
Torvegade
Sankt Annæ Gade
54
Vor Frelsers
Kirke
CHRISTIANS-
HAVN
52
56
57
n lille
vfrue
Kalvebod Brygge
Sydhavnen
Amager Boulevard

ULRICH SONNENBERG

HANS CHRISTIAN ANDERSENS KOPENHAGEN

Ein Reise- und Lesebuch

Schöffling & Co.

Erste Auflage 1996

Satz: Reinhard Amann, Aichstetten
Druck & Bindung: Pustet, Regensburg
Karte: Dietlof Reiche, Hamburg
ISBN 3-89561-549-8

INHALT

VORBEMERKUNG

Hans Christian Andersen wird am 2. April 1805 als Sohn eines Schuhmachers und einer Waschfrau in Odense auf Fünen geboren; er wächst in ärmlichen Verhältnissen auf. Mit vierzehn Jahren bricht er weitgehend mittellos, aber mit der erklärten Absicht, ein berühmter Schauspieler zu werden, nach Kopenhagen auf. Erstaunlich schnell bekommt der Junge Kontakt zu einer Reihe einflußreicher Kopenhagener Familien, die ihn nicht nur finanziell unterstützen und für eine ordentliche Schulbildung sorgen, sondern in den folgenden Jahren auch seine Karriere als Schriftsteller begleiten und fördern.

Hans Christian Andersen bleibt trotz aller freundschaftlicher Bindungen und Kontakte zeitlebens ein Außenseiter und Einzelgänger. Familiäre Bindungen geht der ruhelose und hypochondrisch veranlagte Junggeselle nicht ein, richtig seßhaft wird er nie. »Sie haben Ihr Haus auf dem Steiß einer Lokomotive«, schreibt ihm sein dänischer Kollege Bernhard Severin Ingemann. Als einer der größten Touristen der Literaturgeschichte führt Andersen ein Leben aus dem Koffer: »Meine Erziehungsschule sind das Leben und die Welt, ich habe die Gabe aufzufassen und darzustellen; aber ich muß meine Werkstatt haben, und das heißt, ich muß mich in der Welt herumtreiben.« Insgesamt neunundzwanzig ausgedehnte Reisen durch Dänemark und ganz Europa unternimmt er im Laufe seines Lebens, zu Hause in Kopenhagen wechselt er ständig die Wohnungen oder wohnt zwischen den Reisen gleich in den Gästezimmern von Freunden oder im Hotel.

Mit Kopenhagen verband ihn viele Jahre ein ausgesprochen zwiespältiges Verhältnis, das sich schlicht mit dem Begriff Haßliebe beschreiben läßt. Die Stadt blieb ihm immer »die teuerste Stelle der Welt«, und nie versäumte Andersen, den Jahrestag seiner Ankunft zu feiern, doch die Aufnahme seines Werkes lieferte ihm oft genug Anlässe, mit Kopenhagen und seinen Einwohnern zu hadern: »Möge mein Auge nie mehr das Zuhause schauen, das nur Augen für meine Fehler hat, aber kein Herz dafür, was Gott mir Großes verliehen hat! Ich hasse, ich verabscheue die Heimat, wie sie auch mich haßt und bespeit!« schreibt er wütend in einem Brief, als er erfährt, daß wieder eines seiner Theaterstücke bei der Uraufführung durchgefallen war.

Lange hatte der von Friedrich Hebbel als eine »lange, schlotterige, lemurenhaft-eingeknickte Gestalt mit einem ausnehmend häßlichen Gesicht« beschriebene Andersen mit dem Spott seiner Zeitgenossen und den Verrissen der Kopenhagener Kritiker zu kämpfen. Viele sahen in ihm nicht den hochberühmten Dichter, dessen Märchen europaweit begeisterte Leser fanden, sondern eher einen eitlen, mäßig erfolgreichen Autor und Emporkömmling mit lächerlichem Äußeren und Auftreten, der sich vergeblich bemühte, mit seinen Stücken, Gedichten und Romanen zu reüssieren. »Da haben wir unseren im Ausland berühmten Orang-Utan« ist nur eine der von Andersen selbst überlieferten Bösartigkeiten, die ihn zutiefst kränkten und gegen die er sich ständig glaubte verteidigen zu müssen.

»Es tut nichts, wenn man in einem Entenhof geboren ist, wenn man nur in einem Schwanenei gelegen hat!« ist die Quintessenz seines autobiographischen Märchens *Das häßliche junge Entlein.* Und obwohl er als Neununddreißigjähriger berichten kann: »Vor fünfundzwanzig Jahren kam ich mit einem kleinen Bündel nach Kopenhagen, ein armer, fremder Junge, und heute habe ich Schokolade bei der Königin getrunken, an der Tafel ihr und dem König gegenüber gesessen«, dauerte es Andersen viel zu lange, bis er in Kopenhagen endlich die öffentliche Aufmerksamkeit und Anerkennung erhielt, nach der er sich immer gesehnt hatte und die er außerhalb Dänemarks längst gewohnt war.

Dennoch lieferte ihm die Stadt vom ersten Tag an unendlich viele Anregungen und Motive für sein Schreiben. Sein Werk ist voller Bezüge und Hinweise auf Kopenhagen, überall witterte er den Stoff für eine Geschichte: »Oft, wenn ich durch die Straßen der Stadt gehe, kommt es mir vor, als ginge ich durch eine große Bibliothek; die Häuser sind die Bücherregale, jede Etage ein Brett mit Büchern. Hier steht eine alltägliche Geschichte, dort eine gute alte Komödie, wissenschaftliche Werke aus allen Gebieten, hier Schundliteratur und dort gute Bücher. Ich kann über all diese Bücher phantasieren und philosophieren.«

1844 erklärt Theodor Mügge den Lesern seiner *Reise durch Skandinavien*, daß sich »der Fremde in keiner Hauptstadt so leicht zurechtfinden kann wie in Kopenhagen«. Kopenhagen ist eine überschaubare Stadt geblieben, entscheidend verändert hat sich das Stadtbild innerhalb der alten Wallanlagen in den letzten einhundertfünfzig Jahren nicht. Wesentliche Erweiterungen des Stadtgebiets hatten die Könige Christian IV. und Friedrich V. bereits im 17. und 18. Jahrhundert vorgenommen; ein weiterer, die Baugeschichte der Stadt prägender Einschnitt erfolgte noch zu Lebzeiten Andersens: Ab 1850 wurde begonnen, die Stadttore zu öffnen und die Wälle zu schleifen. Aber auch dadurch blieb die Anlage der Innenstadt weitgehend unberührt.

So fällt es nicht schwer, auf den Spuren des Märchendichters der Atmosphäre und Stimmung Kopenhagens zur Zeit Hans Christian Andersens nachzuspüren und auf den Wegen durch die Stadt die Orte und Plätze zu finden, an denen er von 1819 bis zu seinem Tode im August 1875 lebte und arbeitete und von denen er in seinen Märchen, Geschichten und Erinnerungen immer wieder erzählt.

»EINE GROSSE STADT IST ES!«
Kopenhagen zur Zeit Hans Christian Andersens

Im Spätsommer 1819 kommt ein gerade vierzehn Jahre alter Junge mit der Postkutsche aus Odense in Kopenhagen an: »Montag Morgen, den 5. September 1819, erblickte ich zum erstenmal von der Anhöhe bei Friedrichsberg Kopenhagen. Dort stieg ich ab, und mit meinem kleinen Bündel ging ich durch den Schloßgarten, die lange Allee und die Vorstadt zur Stadt hinein. Am Abend vor meiner Ankunft war gerade die große Judenfehde ausgebrochen, die sich durch mehrere Länder Europas erstreckte; die ganze Stadt war in Bewegung, alles war auf den Straßen, der Lärm und Tumult Kopenhagens entsprach daher dem Bilde, welches meine Phantasie sich von dieser, damals für mich größten Stadt entworfen hatte. Mit kaum 10 Talern in der Tasche kehrte ich in einem der kleineren Gasthäuser ein.«

Zutiefst davon überzeugt, daß es eine göttliche Vorsehung gibt, »einen liebevollen Gott, der Alles zum Besten führt«, betritt Hans Christian Andersen Kopenhagen.

Zur Zeit seiner Ankunft besteht das gesamte Stadtgebiet aus der nur knapp zwei Quadratkilometer großen Fläche zwischen Schloßinsel, Vester Voldgade, Nørre Voldgade, Øster Voldgade, dem Kastell und Christianshavn. Zweihundert Jahre zuvor hatte König Christian IV. die Stadt durch feste Schanzwälle sichern lassen, 1819 ist das eng begrenzte Gebiet mit über 120.000 Einwohnern längst hoffnungslos übervölkert. Auf der gleichen Fläche leben heute rund 25.000 Menschen. »Man versteht es hier, enger zusammenzurücken«, berichtet der schwedische Dichter und Historiker Erik Gustaf Geijer nach einem Besuch. »Es war um schwindelig zu werden, wie die Menschen hier in dieser großen Stadt, in der man sich so leicht verirren konnte, übereinandergepfercht waren«, heißt es bei Andersen.

In jahrhundertelanger Tradition werden die vier Tore der bei weitem größten und wichtigsten Stadt des Königreiches Dänemark um Mitternacht verschlossen, die Schlüssel von König Frederik VI. auf Schloß Amalienborg verwahrt. Kopenhagen ist »Festungsstadt« und steht unter strengem militärischem Reglement.

Als Knotenpunkt des Ostseehandels hatte die strategisch günstige Lage am Øresund dem 1167 durch den Roskilder Bischof Absalon gegründeten *portus mercatorum*, dem Hafen der Kaufleute, seit dem Mittelalter die Möglichkeit verschafft, von passierenden Schiffen Zölle zu erheben; hinzu kamen seit Anfang des 15. Jahrhunderts die Privilegien als Residenz des dänischen Königshauses. Kopenhagen galt als die Stadt »der schönen Türme«, hier gab es die erste Universität Dänemarks, die Börse, das Königliche Theater, den Runden Turm mit Observatorium und Universitätsbibliothek, die königlichen Schlösser und Gärten sowie zahlreiche Kirchen. Politisch, wirtschaftlich und kulturell war das gesamte Land bis Ende des 18. Jahrhunderts von der Hauptstadt und ihrem Hafen abhängig. Noch 1844 schreibt Theodor Mügge: »Kopenhagen, sagen die Meisten, ist zu groß für das Land. Es hat 124.000 Einwohner, es ist der Magen, der Alles verschlingt, zum Schaden des Ganzen. In Kopenhagen conzentriert sich der Staat; Kopenhagen ist Dänemark, der Rest ist ohne Bedeutung, er liefert nur die Mittel, daß Kopenhagen leben kann.«

Allerdings hatte Hamburg als Folge der napoleonischen Kriege die dänische Hauptstadt zu Beginn des 19. Jahrhunderts längst als wichtigsten Hafen und Umschlagplatz im Norden abgelöst. Die wirtschaftliche Blütezeit für Seefahrt und Handel war nach dem verheerenden Bombardement Kopenhagens durch die Engländer 1807 und dem Verlust Norwegens 1814 vorbei. Staat und Stadt waren bankrott, das Bürgertum von der politischen Entwicklung enttäuscht, die sozialen und hygienischen Verhältnisse innerhalb der Wälle katastrophal: nicht nur die Bevölkerung hatte sich auf dem engen Raum einzurichten, die Stadt wurde zusätzlich von rund 3.000 Pferden, 1.500 Kühen, über 700 Schweinen und unzähligen Hunden und Katzen bevölkert. Öffentliche Toiletten gab es nicht; die Latrinen bestanden aus tiefen Gruben neben den Häusern, die selten geleert wurden. Die Qualität des Trinkwassers, das durch brüchige Holzröhren von der Oberfläche der außerhalb der Wälle gelegenen Seen in die Stadt geleitet wurde, muß miserabel gewesen sein. Der Gesundheitszustand in der dänischen Hauptstadt war schlecht, die Sterblichkeitsrate hoch. Während das Durchschnittsalter der dänischen Landbevölkerung um 1835 bei 50 Jahren lag, betrug es bei den männlichen Bewohnern Kopenhagens 35 Jahre, bei den weiblichen 39 Jahre. In den folgenden Jahren verschlechterte sich die Situation zunehmend und kulminierte 1853 in einer Cholera-Katastrophe, der fast 5.000 Menschen in nur drei Monaten zum Opfer fielen. Erst gegen Ende des Jahrhunderts wurde mit dem Bau einer Kanalisation begonnen, bis dahin behalf man sich mit Rinnsteinbrettern, um halbwegs trockenen Fußes über die Straße zu kommen.

Andersens Märchen *Der standhafte Zinnsoldat* läßt ein wenig von den Zuständen ahnen: »Nun begann es zu regnen, die Tropfen fielen dichter und dichter; es wurde ein tüchtiger Platzregen. Als er vorbei war, kamen zwei Straßenjungen.

›Sieh mal!‹ sagte der eine, ›da liegt ein Zinnsoldat! Der muß segeln!‹

Und dann falteten sie ein Boot aus einer Zeitung, setzten den Zinnsoldaten hinein, und nun segelte er den Rinnstein hinab. Beide Jungen liefen nebenher und klatschten in die Hände. O weh! Was für Wellen der Rinnstein schlug und wie reißend die Strömung war! Ja, es war aber auch ein Platzregen gewesen. Das Papierboot schwankte auf und nieder, und zuweilen drehte es sich so geschwind, daß unser Zinnsoldat bebte; aber er blieb standhaft, verzog keine Miene, sah geradeaus und hielt das Gewehr geschultert.

Da auf einmal trieb das Boot unter ein langes Rinnsteinbrett; es wurde so dunkel um ihn wie in seiner Schachtel.

›Wohin mag es nun gehen?‹ dachte er, ›ja, ja, daran hat der Kobold schuld! Ach, wäre doch die kleine Tänzerin mit im Boot, dann könnte es noch einmal so dunkel hier sein!‹

Da kam plötzlich eine große Wasserratte, die unter dem Rinnsteinbrett hauste.

›Hast Du einen Paß?‹ fragte die Ratte. ›Her mit dem Paß!‹

Aber der Zinnsoldat schwieg stille und hielt sein Gewehr noch fester. Das Boot fuhr von dannen und die Ratte hinterher. Hu! wie sie die Zähne zeigte und den Hölzchen und Strohhalmen zurief:

›Haltet ihn! Haltet ihn! Er hat keinen Zoll bezahlt! Er hat den Paß nicht vorgezeigt!‹«

So faszinierend dem vierzehnjährigen Andersen aus dem kleinstädtisch-beschaulichen Odense die Großstadt Kopenhagen bei seiner Ankunft erschienen sein mag, so unübersichtlich, verwirrend und erschreckend muß das Leben der Stadt anfangs auf ihn gewirkt haben. In dem Märchen *Der Wassertropfen* vergleicht er Jahre später seine ersten Eindrücke mit dem Blick auf Bakterien unter einem Mikroskop: »Und der Zauberer, der keinen Namen hatte, sah durch das Vergrößerungsglas. Es sah wirklich aus wie eine ganze Stadt, worin alle Menschen ohne Kleider herumliefen! Es war schauerlich, aber noch schauerlicher war es zu sehen, wie der eine den anderen pufft e und stieß, wie sie sich zwickten und zwackten, einander bissen und rissen. Was unten war, sollte nach oben, und was oben war, sollte nach unten! ›Sieh, sieh! Sein Bein ist länger als meins! Baff! Weg damit! Da ist einer, der hat einen kleinen Knopf hinter dem Ohr, ein kleines unschuldiges Knöpfchen, aber es peinigt ihn, und deshalb soll er noch mehr gepeinigt werden!‹ Und dann hackten sie darauf los und zerrten ihn hin und her, und sie fraßen ihn um des kleinen Knöpfchens willen.

Da saß eine ganz stille wie eine kleine Jungfrau und wünschte sich nur Ruhe und Frieden. Aber nun mußte die Jungfrau heraus, und sie zerrten sie hervor, sie rissen entzwei und fraßen sie auf!

›Das ist außerordentlich unterhaltsam!‹ sagte der Zauberer.

›Ja, aber was meinst du wohl, was das ist?‹ fragte Kribbel-Krabbel. ›Kannst du es herausfinden?‹

›Das ist leicht zu erkennen!‹ sagte der andere. ›Das ist Kopenhagen oder irgendeine andere große Stadt – die sehen ja eins aus wie das andere. Eine große Stadt ist es!‹«

Zu diesem ersten Eindruck beigetragen hatte sicher auch die am Abend vor Andersens Ankunft begonnene »Judenfehde«. Seit der Jahrhundertwende hatten sich Bürger mosaischen Glaubens verstärkt in Kopenhagen niedergelassen, 1814 erhielten sie die vollen bürgerlichen Rechte. Fünf Jahre später griffen antisemitische Ausschreitungen von Deutschland auf Dänemark über, der Kopenhagener Pöbel versuchte, die Juden für die verheerende wirtschaftliche Situation des Landes verantwortlich zu machen. Juden wurden auf offener Straße attackiert, ihre Geschäfte geplündert. Die Polizei bekam die Situation erst in den Griff, als der König Soldaten zur Unterstützung schickte und anordnete, die Unruhen mit aller Härte, notfalls mit Hilfe standrechtlicher Erschießungen, niederzuschlagen.

In Andersens Roman *Nur ein Spielmann* gerät die junge Naomi in die Wirren des Pogroms: »Naomi ließ das Kutschenfenster herab und sah hinaus. Die Oststraße, durch die sie mußten, war völlig von Menschen gesperrt; wildes Geschrei ertönte, Fensterscheiben klirrten, es fielen Schüsse. Der Kutscher mußte nach einer der Seitenstraßen abbiegen. Ein paar ältere Damen aus Fünen, welche die Reise mit Naomi machten, konnten vor Schreck kaum atmen.

›Was ist das?‹ rief Naomi aus dem Wagen; die Laterne beleuchtete ihr Gesicht ganz. Ein Mann der geringeren Klasse starrte sie an.

›Sie gehört auch zu der Familie Mosis!‹ sagte er, ›das ist wohl ein ganzes Judennest, das fortfährt?‹

›Hep, hep!‹ schrie eine wilde Schar, die herbeiströmte; der Mann riß die Kutschentür auf und sah hinein; Naomi riß die entgegengesetzte Tür auf und sprang in ihrer ersten, augenblicklichen Verwirrung auf die Straße hinaus, der Kutscher dagegen knallte mit der Peitsche und fuhr zu. Ein paar Husaren drangen mit gezogenem Säbel auf die Schar ein, in deren Mitte Naomi stand; schnell faßte sie sich wieder, hielt ihren Schrei zurück und ließ den Schleier über das Antlitz fallen, indem sie noch nichts weiter wußte, als daß hier ein Volksauflauf sei.«

Das Kopenhagener Bürgertum freilich wußte sich mit den aus heutiger Sicht so bedrückenden ökonomischen, politischen und sozialen Verhältnissen in der ersten Hälfte des 19. Jahrhunderts durchaus zu arrangieren. »Man liebt den Luxus und das Vergnügen«, berichtet Andersens Zeitgenosse Theodor Mügge in seinen Reiseerinnerungen, »der Sinn der Kopenhagener ist vielleicht mehr als sonst bei nordischen Städtebewohnern auf Vergnügen gerichtet. An keinem Orte liebt man so die Landparthien, welche sonntäglich alle Stände hinaustreiben auf die Dörfer und in den Thiergarten mit Körben voll Lebensmitteln und gefüllten Flaschen; an keinem Orte trifft man auch in den Wochentagen in der Umgegend so viele Spaziergänger. Diese Vergnügungssucht deutet denn doch auf keine Armuth, wenn auch der große Reichthum einzelner Personen nicht mehr, wie früher, vorhanden ist.« Der Assistens-Friedhof, Frederiksberg Have oder der Tiergarten mit seinem Vergnügungspark Bakken waren auch für die einfache Bevölkerung beliebte, erreichbare und vor allem billige Ziele für Sonntagsausflüge.

Hans Christian Andersen erzählt in *Der Hausschlüssel* davon: »Es war zur Zeit Friedrich des Sechsten, Kopenhagen hatte damals kein Gas, sondern Tranlampen, es hatte weder Tivoli noch Kasino, weder Trambahn noch Eisenbahnen; mit den Vergnügungen war es knapp bestellt gegen heute. Am Sonntag machte man einen Spaziergang aus dem Tore hinaus nach dem Kirchhofe, las die Grabinschriften, setzte sich ins Gras, aß aus seinem mitgenommenem Korbe und trank seinen Schnaps dazu, oder man ging nach Frederiksberg, wo vor dem Schloß Militärmusik und viele Menschen waren, um die königliche Familie in den kleinen schmalen

Kanälen herumrudern zu sehen, wo der alte König selbst das Boot steuerte und er und die Königin alle Menschen ohne Standesunterschied grüßten. Dorthinaus gingen die wohlhabenden Familien der Stadt und tranken dort ihren Abendtee. Warmes Wasser konnten sie in einem kleinen Bauernhaus auf dem Felde vor dem Garten bekommen, aber die Maschine mußten sie selbst mitbringen.«

Und als sollten die wirtschaftlichen und politischen Verhältnisse kompensiert werden, erlebt die Stadt nach zwei Jahrzehnten Restauration und Zensur in den zwanziger Jahren des 19. Jahrhunderts eine Phase kultureller Neuorientierung. Geprägt vom Einfluß der deutschen Romantik kommt es in Literatur und Kunst zu einem wiedererwachenden nationalen Bewußtsein. In Kopenhagen beginnen literarische und satirische Zeitungen wie *Kjøbenhavns Flyvende Post* (Kopenhagens Fliegende Post) oder *Corsaren* (Der Korsar) zu erscheinen, in den literarischen Salons, Klubs und Cafés der Stadt werden die Artikel heftig diskutiert. Mit den Werken des Bildhauers Thorvaldsen und des Malers Krøyer, den Schriften des protestantischen Reformers Grundtvig, des Kritikers Johan Ludvig Heiberg und den Büchern von Adam Oehlenschlaeger, Søren Kierkegaard und Hans Christian Andersen beginnt in Kopenhagen das »Goldene Zeitalter« der dänischen Literatur, Kunst und Kultur.

DIE STADT INNERHALB DER WÄLLE

VON DER VESTERGADE ZUM RATHAUSPLATZ

In einer jeden Jahreszeit hat es etwas Beengendes, vom Lande in eine Festung hineinzukommen wie Kopenhagen, zum ersten Male durch enge, dunkle Festungswerke zu fahren, über schmale Brücken und durch ein tunnelartiges Tor in diese engen Straßen hinein mit hohen Häusern an beiden Seiten.« Hans Christian Andersen betrat Kopenhagen zu Fuß. Er ging durch das Westtor, das am heutigen Rathausplatz, ungefähr auf der Höhe des *Politiken*-Hauses, lag. 1819 war das Stadtgebiet noch durch einen breiten Wassergraben geschützt, der sich vom Rathausplatz bis zum Eingang des Tivoli erstreckte. Nur über eine schmale Brücke war Vesterport, das Westtor, zu erreichen.

Andersen kam an einem »Montagmorgen« nach Sonnenaufgang in Kopenhagen an, die Stadttore waren bereits wieder geöffnet. Um diese Zeit hatte er keine Probleme, in die Stadt zu gelangen. Welche Schwierigkeiten sich allerdings für die Bevölkerung durch die Verordnung ergaben, die Tore von Mitternacht bis zum Morgengrauen geschlossen zu halten, erleben der Kammerrat und seine Frau in Andersens Märchen *Der Hausschlüssel:*

»›Mann! Mann!‹ rief die Kammerrätin. ›Das Westtor schließt um zwölf Uhr! Wir kommen nicht mehr hinein, wir haben nur noch eine Viertelstunde!‹

Sie mußten sich beeilen; mehrere Personen, die auch noch in die Stadt hinein wollten, eilten an ihnen vorbei. Endlich näherten sie sich dem letzten Wächterhaus – da schlug die Uhr zwölf, das Tor schlug zu, ein ganz Teil Menschen stand ausgeschlossen davor, darunter Kammerrats mit Mädchen, Maschine und leerem Korbe. Einige waren erschrocken, einige ärgerten sich, jeder nahm es auf seine Weise hin. Was war da zu tun?

Glücklicherweise war in letzter Zeit die Bestimmung durchgedrungen, daß eins von den Stadttoren, das Nordtor, nicht abgeschlossen wurde. Dort konnten Fußgänger durch das Wächterhaus noch in die Stadt hineinschlüpfen.

Der Weg war zwar nicht kurz zu nennen; aber das Wetter war schön, der Himmel klar, voller Sterne und Sternschnuppen, die Frösche quakten in Gräben und Sümpfen. Bald begann die Gesellschaft zu singen, ein Lied nach dem anderen erklang, aber der Kammerrat sang nicht mit, er sah auch nicht zu den Sternen empor, ja nicht einmal auf seine eigenen Beine, so daß er der Länge nach am Grabenrande hinfiel. Man hätte glauben können, daß er zuviel getrunken habe, aber es war nicht der Punsch, es war der Schlüssel, der ihm zu Kopfe gestiegen war und sich dort drehte.

Endlich erreichten sie das Nordtor und schlüpften durchs Wächterhaus über die Brücke in die Stadt hinein.«

Mit seinen zehn Talern kehrt Andersen in der »Gæstgiveriet Gardergaarden«, *Vestergade Nr. 18* (1), ein, einem der kleinen Gasthäuser in unmittelbarer Nähe der Wallanlagen. Die parallel zur Fußgängerzone Strøget gelegene Vestergade gehört zu den ältesten Straßen der Stadt. Bereits 4.000 bis 5.000 Jahre vor Christus lebten hier Menschen; um das Jahr 1100 war die Straße für das Fischer- und Bauerndorf »Havn« eine der Hauptverkehrsadern. Heute ist die Vestergade eine schmale, neben der Fußgängerzone eher unscheinbare Verbindungsstraße zwischen Rathausplatz und Gammeltorv. Nur die Fassaden und Hinterhöfe erinnern daran, daß die Vestergade mit ihren Bürgerhäusern, Geschäften und Gasthöfen in dänischen Theaterstücken des 18. und 19. Jahrhunderts zum Synonym einer typisch Kopenhagener Straße werden konnte. Von Andersens erster Unterkunft »Gardergaarden« hat sich nichts erhalten, doch noch immer vermittelt die verwinkelte Anlage des Hinterhofes einen Eindruck von der Atmosphäre und der Bauweise der Zeit.

Am Ende der Vestergade liegt *Gammeltorv*, der alte Markt, mit dem von Christian IV. gestifteten *Caritas-Brunnen* (2). »Die Hauptfigur, eine schwangere junge Dame, hält mit der Rechten einen munter pinkelnden Jungen, während sie einen kleinen Knaben mit der Linken trägt. Auch ihren Brüsten entspringen feine Wasserstrahlen. Unten sieht man drei wasserspeiende Delphine«, beschreibt Jens Fleischer den von Puritanern des späten 19. Jahrhunderts mißtrauisch betrachteten Brunnen zu Ehren der Nächstenliebe. Der dänische Komödiendichter Ludvig Holberg, der ein Jahrhundert vor Andersen an dem im Mittelalter als Turnier- und Marktplatz genutzten Gammeltorv wohnte, widmete dem Platz ein Epigramm:

»Du fragst, an welchem End' der Stadt ich wohne?
Zwei Plätze gibt es dort ganz dicht.
Der eine, Gammeltorv, mit alter Kunst vertraut, sowie mit Schlägerei und Diebstahl, Suff, Betrug und Spiel.
Nytorv, der andere, wo das Schafott man aufgestellt.
Dazwischen hat Justitia ihr Haus.
So wohn' ich zwischen Galgenpack und Galgen ungenieret, und gegen beide hilft der eine Gott.«

Nytorv (3), »der andere«, der neue Markt, liegt getrennt durch die Fußgängerzone Strøget Gammeltorv genau gegenüber. Das Schafott ist längst abgebaut, nur ein Asphaltsockel erinnert an den öffentlichen Schandpfahl, der hier bis 1780 stand. Nach dem Stadtbrand 1795 wurde der Nytorv mit dem alten Markt zusammengelegt und »Justitias Haus« *Domhuset* (4) als Ersatz für das bei dem Brand zerstörte alte Rathaus gebaut. Bis heute hat das Kopenhagener Stadtgericht seinen Sitz in dem mit sechs ionischen Säulen verzierten Gebäude, über dessen Eingangsportal der mittelalterliche Rechtsgrundsatz *Med lov skal man land bygge* (Mit Gesetzen soll man ein Land bauen) mahnt.

Direkt neben dem Eingang stehen zwei alte Gaslaternen, ein Geschenk der englischen Firma, die 1857 Kopenhagens erstes Gaswerk baute und dadurch die alte Tranbeleuchtung durch moderne Gaslaternen ersetzte. In *Die alte Straßenlaterne* hat sich Hans Christian Andersen der Sorgen und Nöte der Tranlaternen in dieser Zeit des Umbruches angenommen: »Hast du schon die Geschichte von der alten Straßenlaterne gehört? Sie ist gar nicht so außerordentlich lustig, aber man kann sie immerhin einmal anhören. Es war eine brave alte Straßenlaterne, die viele, viele Jahre hindurch ihren Dienst versehen hatte, jetzt aber in den Ruhestand versetzt werden sollte. Es war der letzte Abend, den sie auf dem Pfahle saß und die Straßen beleuchtete. Es war ihr zumute wie einer alten Ballettänzerin, die zum letzten Mal tanzt und weiß, daß sie morgen in ihrer Bodenkammer sitzt. Die

Laterne hatte große Angst vor dem nächsten Tage, denn sie wußte, daß sie zum ersten Male auf dem Rathaus erscheinen und von Bürgermeister und Rat besichtigt werden sollte, ob sie noch brauchbar sei oder nicht. Da sollte nun beschlossen werden, ob sie auf eine der Brücken geschickt werden sollte, um dort zu leuchten, oder auf das Land in eine Fabrik; vielleicht ging sie geradewegs zu einem Eisengießer, um umgegossen zu werden; da konnte ja alles aus ihr werden, aber es schmerzt sie, daß sie nicht wußte, ob sie dann wohl die Erinnerung daran behalten würde, daß sie früher eine Straßenlaterne gewesen war. – Wie es ihr auch gehen mochte, soviel ist gewiß, sie würde vom Wächter und seiner Frau, die sie wie zu ihrer Familie gehörig betrachteten, getrennt werden. Sie wurde Laterne, als er Wächter wurde. Die Frau wollte damals hoch hinaus. Nur wenn sie abends an der Laterne vorbeiging, sah sie sie an, am Tage aber niemals. Jetzt aber, in den letzten Jahren, wo sie alle drei, der Wächter, die Frau und die Laterne, alt geworden waren, hatte die Frau auch sie gepflegt, geputzt und Öl eingegossen. Ehrlich waren die beiden Eheleute, niemals hatten sie die Laterne um einen Tropfen betrogen. Es war ihr letzter Abend auf der Straße, und morgen sollte sie aufs Rathaus, das waren trübe Gedanken für die Laterne, und man kann sich wohl denken, wie sie brannte.«

1813 wird im Haus *Nytorv Nr. 2* (5) Søren Kierkegaard geboren. Das originale Geburtshaus existiert nicht mehr, es wurde 1908 umgebaut, heute hat dort Den Danske Bank eine Filiale. Mit Andersen, von dessen unbedingtem Glauben an die Vorsehung er gar nichts hielt, verband Kierkegaard von seiner ersten Veröffentlichung an eine mehr oder weniger offen geführte Auseinandersetzung: »Seht ihr, Andersen, der kann das Märchen von den *Galoschen des Glücks* erzählen, ich aber kann das Märchen von dem Schuh erzählen, welcher drückt.« Kierkegaard hielt Andersen schlicht für einen »Jammerlappen«. Andersen rächte sich, indem er den Philosophen als komische Figur in einer seiner Komödien auftreten ließ.

Direkt neben dem Gericht liegt an der Slutterigade das alte *Stadtgefängnis* (6). Mit dem Gerichtsgebäude ist es durch zwei der venezianischen Seufzerbrücke nachempfundene Mauerbögen verbunden, die Fenster der Zellen zur Straße sind noch immer vergittert. In eine dieser Zellen wird im *Feuerzeug* der Soldat gesteckt, als er mit Hilfe seiner Hunde drei Nächte hintereinander die Tochter des Königs entführt. Angeblich nur, um sie zu küssen, doch niemand glaubte ihm, »er war eben ein richtiger Soldat«:

»Da saß er nun. Hu, wie dunkel und langweilig das war, und überdies sagte man zu ihm: ›Morgen wirst Du gehängt‹. Das war nicht eben angenehm zu hören, und sein Feuerzeug hatte er zu Hause im Wirtshaus vergessen. Am Morgen konnte er durch die eisernen Stangen vor dem kleinen Fenster sehen, wie das Volk aus der Stadt eilte, um ihn hängen zu sehen. Er hörte die Trommeln und sah die Soldaten marschieren. Alle Leute waren unterwegs; da war auch ein Schusterjunge mit Schurzfell und Pantoffeln, der lief so im Galopp, daß einer seiner Pantoffeln abflog und gerade gegen die Mauer, wo der Soldat saß und zwischen den Eisenstangen herausguckte.

›He, Schusterjunge! Du brauchst nicht solche Eile zu haben. Es wird doch nichts daraus, ehe ich komme! Aber willst Du nicht hinlaufen, wo ich gewohnt habe und mir mein Feuerzeug holen? Dann sollst Du vier Schillinge haben! Aber Du mußt Beine machen!‹ Der Schusterjunge wollte gern die vier Schillinge haben, lief pfeilgeschwind fort nach dem Feuerzeug, gab es dem Soldaten, und – ja, nun werden wir hören!«

Von der Slutterigade durch die Hestemøllegade und Farvergade gelangt man zur Ecke Farvergade 27/ Vester Voldgade. Dort, so heißt es in Andersens *Von einem Fenster im Vartov*, »nach dem grünen Walle hinaus, der sich rings um Kopenhagen zieht, liegt ein großes rotes Haus mit vielen Fenstern, in denen Balsaminen und Ambrabäumchen wachsen; innen sieht es ärmlich aus, und armes, altes Volk wohnt dort. Es ist *Vartov*, das Armenhaus (7).

Sieh, oben lehnt sich eine alte Jungfer gegen den Fensterrahmen. Sie pflückt ein welkes Blatt von der Balsamine und sieht auf den grünen Wall hinaus, wo lustige Kinder sich tummeln. Woran denkt sie? Ein Lebensschicksal zieht an ihr vorüber.

Die ärmlichen Kleinen, wie glücklich sie spielen! Welch rote Wangen, welch strahlende Augen haben sie, aber an den Beinchen nicht Schuhe noch Strümpfe. Sie tanzen auf dem grünen Walle, von dem die Sage erzählt, daß man, vor vielen, vielen Jahren, als die Erde unter dem Wall immer wieder fortsank, ein unschuldiges Kind mit Blumen und Spielzeug in ein offenes Grab lockte, das zugemauert wurde, während die Kleine spielte und aß. Von diesem Tag an lag der Wall fest und trug bald einen üppigen Rasen. Die Kleinen kannten die Sage nicht, sonst würden sie das Kind noch immer weinen hören unter der Erde, und der Tau auf dem Gras würde ihnen wie brennende Tränen erscheinen. Sie kannten nicht die Geschichte von Dänemarks König, der, als der Feind draußen lag, hier vorbeiritt und schwor, er wolle eher sterben als sich ergeben. Da kamen die Männer und Frauen der Stadt und gossen kochendes Waser über die weißgekleideten Feinde, die im Schnee die äußere Wallseite erkletterten. Lustig spielen die armen Kleinen.«

Mitte des 16. Jahrhunderts diente die direkt am Wall gelegene Hofanlage als königliche Färberei, die der

Farvergade ihren Namen gab. Später wohnte dort der Astronom Tycho Brahe. Im 17. Jahrhundert richtete Christian IV. in dem Gebäude ein Altenheim für Bedürftige ein, das bis in Hans Christian Andersens Zeit genutzt wurde. Bei ihrem Blick aus dem Fenster denkt die alte Jungfer, von der Andersen erzählt, an ein die Geschichte Kopenhagens prägendes Ereignis: Im Februar 1659 versuchten die Schweden nach einem halben Jahr Belagerung über diese Seite des Walles die Stadt zu stürmen. Der Angriff wurde mit Unterstützung der Einwohner erfolgreich abgewehrt, als Dank erhielt das Kopenhagener Bürgertum die vom König versprochenen Privilegien: das Recht, öffentliche Ämter zu bekleiden und das Recht, Landbesitz zu erwerben.

Noch immer sehenswert sind die Fassaden von Vartov und die Hofanlage, die von einer Statue Grundtvigs, der hier als Pastor lehrte, dominiert wird. Nur sieht man heute *Von einem Fenster im Vartov* nicht mehr »nach dem grünen Walle hinaus«, sondern blickt auf die Vester Voldgade, die Westliche Wallstraße, und das gegen Ende des 19. Jahrhunderts gebaute Rathaus mit dem überlebensgroßen *Denkmal* des Märchendichters an der Ecke Rathausplatz/H.C.Andersens Boulevard (8).

DAS UNIVERSITÄTSVIERTEL

Über den Rathausplatz, ein Stück an der Vester Voldgade entlang, erreicht man die Studiestræde im »Latinerkvarter«, dem alten Universitätsviertel. Zehn Jahre nach seiner Ankunft in Kopenhagen hatte der Schuhmachersohn aus Odense das Abitur und ein Jahr später auch das Examen »philosophicum et philologicum« an der Universität bestanden. Er war nun »ein richtiger Student; er wohnte in der Dachkammer und besaß nichts.« Seine Beziehung zu diesem Teil der Stadt bestimmte jedoch weniger der Wunsch, ein »richtiger Student« zu sein und eine akademische Laufbahn einzuschlagen, sondern eher die Bekanntschaft mit einem seiner Gönner und Förderer: dem Physiker und Entdecker des Elektromagnetismus Hans Christian Ørsted, der mit seiner Familie nahe der Universität in der *Studiestræde Nr. 6* (9) wohnte. Ørsted war einer der ersten, der die Qualität der Märchen Andersens erkannte und den ziemlich mittellosen Dichter u.a. durch regelmäßige Einladungen zum Abendessen unterstützte.

In *Der Schweinehirt* schildert Andersen einen erstaunlichen Kochtopf: »Das allerkunstvollste war doch, daß, wenn man einen Finger über den Dampf des Topfes hielt, sogleich riechen konnte, was für Essen unter jedem Schornstein in der ganzen Stadt gekocht wurde.« Der Autor kannte sich tatsächlich »allerkunstvollst« in den wöchentlichen Speiseplänen unter den »Schornsteinen der Stadt« aus: Andersen aß so gut wie nie zu Hause und verköstigte sich jeden Abend in der Woche nach einem festen Plan bei einer anderen Familie der Stadt. Eine Gewohnheit, die er bis ins hohe Alter beibehielt. »Ein paar Familien räumten mir Platz an ihrem Tisch ein, die Wochentage wurden besetzt; ich war eine Art Kostgänger, wie mancher arme Student in Kopenhagen es noch ist; es lag eine Abwechslung darin, ein Einblick in die Verschiedenheiten des Familienlebens, der nicht ohne Einfluß auf mich geblieben ist.« Bei Ørsteds in der Studiestræde ist er jeden Mittwoch zu Gast.

Am Ende der Studiestræde steht die *Vor Frue Kirke*, die Frauenkirche (10). Kaum einer der zahlreichen Stadtbrände hatte die Kopenhagener Domkirche, deren Grundstein bereits um 1200 gelegt wurde, im Laufe der Jahrhunderte verschont. Zuletzt war es 1807 ein englisches Geschoß, das Kirchenschiff und Turm völlig zerstörte. Vier Jahre später begann der Wiederaufbau in dem damals sehr beliebten griechisch-römischen Stil. Nach der Restaurierung erklärte der Vormärzdichter Heinrich Laube den äußerlich »geschmacklosen Kasten mit einem Thurme ohne Wuchs« innen zur »schönsten protestantischen Kirche, welche ich je gesehn«, zu einem »protestantischen Tempel in voller Consequenz«.

Der Bildhauer Bertel Thorvaldsen, den Andersen während seiner Italien-Reise in Rom näher kennengelernt hatte, war beauftragt worden, ein Relief für das Giebeldreieck über dem Eingangsportal und Marmorstatuen von Christus und den Aposteln für den Innenraum der Kirche zu schaffen. »Tätige Mithilfe« an der Entstehung der Figurengruppe leistete auch Andersen: »Eines Morgens, als er eben in Ton sein großes Basrelief *Der Gang nach Golgatha* formte, trat ich in sein Atelier. ›Sagen Sie mir‹, sagte er, ›finden Sie, daß ich Pilatus richtig gekleidet habe?‹ ›Sie müssen ihm nichts sagen‹, sagte die Baronesse, die stets bei ihm war, ›es ist richtig, es ist vortrefflich, gehen Sie nur Ihren Weg!‹ Thorvaldsen wiederholte seine Frage, ›Nun wohlan‹, sagte ich, ›da Sie mich fragen, so muß ich gestehn, es kömmt mir freilich vor, als wäre Pilatus mehr als Ägypter, denn als Römer gekleidet.‹ ›Es schien mir auch so‹, sagte Thorvaldsen und griff mit der Hand in den Ton hinein und zerstörte die Figur. ›Nun sind Sie schuld daran, daß er ein unsterbliches Werk vernichtet hat‹, rief die Baronesse mir heftig zu. ›Dann können wir ein neues unsterbliches Werk machen‹, sagte er in munterer Laune und formte Pilatus, so wie er jetzt auf dem Basrelief in der Frauenkirche zu Kopenhagen steht.«

Unweit der Frauenkirche, hinter den alten Universitätsgebäuden, der Universitätsbibliothek und Daells Warenhaus, liegt an der Nørregade 20 die Buchhandlung C.A. Reitzel. 1828 übernahm der Universitätsbuchhändler Reitzel, der Buchhandlung und Verlag damals noch in der Købmagergade hatte, den *Spaziergang in der Sylvesternacht.* Andersen hatte sein erstes Prosawerk im Selbstverlag herausgegeben, denn »kein Buchhändler besaß den Mut, das kleine Buch zu verlegen, ich wagte es deshalb selbst, und wenige Tage, nachdem es erschienen war, war es vergriffen; der Buchhändler Reitzel kaufte mir die zweite Auflage ab, später hat er eine dritte herausgegeben, außerdem ist das Buch noch in Schweden nachgedruckt worden«.

Es blieb nicht bei diesem ersten Buch. Reitzel wurde Andersens Verleger, in seinem Verlag erschienen seine Romane und 1835 das erste Heft der *Märchen, erzählt für Kinder.* Mit Blick auf die vornehmlich Kopenhagener Leserschaft hatte Andersen drei der vier in dem Band versammelten Märchen in der Hauptstadt angesiedelt – und der nicht weit von der Buchhandlung des Verlegers gelegene *Rundetårn,* der Runde Turm (11), mußte gleich im allerersten Märchen *Das Feuerzeug* zu einem überraschenden Vergleich herhalten:

»Gehst Du in die erste Kammer hinein«, so verrät es die Hexe dem Soldaten, »so siehst Du auf dem

Fußboden eine große Kiste, auf der ein Hund sitzt. Er hat ein paar Augen so groß wie Teetassen, doch darum sollst Du Dich nicht kümmern! Ich gebe Dir meine blaugewürfelte Schürze, die kannst Du auf dem Fußboden ausbreiten; geh dann rasch hin und nimm den Hund, setze ihn auf meine Schürze, schließ die Kiste auf und nimm soviel Geld wie Du willst; es ist lauter Kupfer. Wenn Du aber lieber Silber haben willst, mußt Du in das nächste Zimmer gehen; doch dort sitzt ein Hund, der hat ein Paar Augen so groß wie ein Paar Mühlräder; aber darum brauchst Du Dich nicht kümmern, setz ihn auf meine Schürze und nimm Dir von dem Gelde! Willst Du hingegen Gold haben, so kannst Du auch das bekommen, und zwar soviel, wie Du tragen magst, wenn du in die dritte Kammer hineingehst. Aber der Hund, der hier auf der Geldkiste sitzt, der hat zwei Augen, jedes so groß wie der Runde Turm in Kopenhagen. Das ist ein gewaltiger Hund, kannst Du glauben!«

Unübersehbar steht der Runde Turm mit dem vergoldeten Wappen Christian IV. in der Købmagergade. Der 1642 vollendete, sechsunddreißig Meter hohe Runde Turm mit seinem in der europäischen Architektur einmaligen stufenlosen Wendelgang war Teil eines Komplexes, mit dem drei für die gelehrte Welt des 17. Jahrhunderts wesentliche Einrichtungen in Universitätsnähe versammelt werden sollten: ein Observatorium, die Universitätsbibliothek und die mit dem Runden Turm verbundene Trinitatis-Kirche als Studentenkirche. »Jedem Fremden«, empfiehlt sehr zu Recht Johannes Friedrich Ludwig Hausmann 1811 nach einer Reise durch Skandinavien, »ist zu rathen, diesen Thurm bald nach der Ankunft in Kopenhagen zu besteigen, indem ein Blick von ihm herab ungleich besser in der großen Stadt und ihren Umgebungen orientieren hilft, wie ein noch so genauer Grundriß.«

»Der Turm hat keine Treppe mit Absätzen, man gelangt auf einem in spiralförmigen Windungen sich schlängelnden Estrich hinauf, der so glatt und geebnet ist, daß der Zar Peter von Rußland einst in einem Wagen mit Biergespann hinaufgefahren sein und oben einem seiner Diener befohlen haben soll, sich hinab zu stürzen. Dieser hätte gehorcht, hätte ihn nicht der dänische König daran gehindert. ›Würden Deine Leute ebenso gehorsam sein?‹ fragte der Zar. –

›Ich würde keinen solchen Befehl erteilen‹, antwortete der König, ›aber ich weiß von meinen Dienern, selbst von den geringsten, daß ich meinen Kopf in eines Jeden Schoß legen und dort ruhig schlafen kann.‹

So lautet die Sage und für die Dänen ist dieselbe sehr schön erfunden.

Dem kleinen Sohn des Pförtners dort oben galt diese Erzählung als wahre Begebenheit; durch seine genaue Kenntnis des Ortes wußte er jedoch, daß der Zar nicht ganz bis ans Geländer hinauffahren konnte, sondern wenigstens an der Tür des Portiers aus dem Wagen mußte, weil von dort aus eine Treppe in mehreren Absätzen zum obersten Plateau führt.«

Wenige Spiralwindungen unter der Aussichtsplattform, erzählt Andersen weiter, »gelangt man in die Universitätsbibliothek, welche sich über den beiden Wölbungen der Kirche wie ein großer Saal ausdehnt, dessen Bücherregale lange Straßen die Kreuz und Quere bilden.« Mit dem Bibliothekar, der wie er aus Odense stammte, verband ihn eine besondere Beziehung: »Mein merkwürdiges Wesen sprach den alten Mann an, er nahm sich meiner an, und in der Bibliothek ließ er mich herumgehen und in die Bücher sehen, nur mußte ich sie an ihren Platz zurückstellen, und damit war ich in höchstem Maße gewissenhaft, genau wie mit den vielen Büchern mit Bildern, die er mich mit nach Hause nehmen ließ.« 1861 wurde die Universitätsbibliothek in dem neben der Frauenkirche gelegenen neuen Gebäude untergebracht; der gewaltige Saal über der Kirche dient heute als Ausstellungsraum und Galerie.

Vom Runden Turm führt die Købmagergade hinunter zum Amagertorv. Schon zu Andersens Zeiten war die am Kultorvet, hinter dem ehemaligen

Nordtor (der heutigen S-Bahn-Station Nørreport) beginnende Købmagergade eine der beliebtesten Einkaufs- und Flanierstraßen Kopenhagens. Hierher zog 1827 Andersens Verleger Reitzel mit seiner Buchhandlung; und in der nicht mehr vorhandenen Spielzeughandlung Blankensteiner & Søn in der Købmagergade Nr. 7 besorgte sich Andersen in den ersten Jahren seines Kopenhagener Daseins Stoffreste für die Kleider seiner Spielzeugpuppen: »Ich war nämlich noch so kindisch, daß ich mit dem Puppentheater spielte und Puppenzeug nähte; um hierzu bunte Lappen zu erhalten, ging ich in die Läden und erbat mir Proben von verschiedenen Zeugen und Seidenbändern.«

Von der Købmagergade ist es durch die Løvstræde nicht weit bis zum *Gråbrødretorv* (12), dem Platz der grauen Brüder. 1238 hatten die Franziskaner auf dem Gebiet zwischen Købmagergade und Klosterstræde ein Kloster gegründet, dreihundert Jahre später wird es wegen unmäßiger Völlerei und Ausschweifungen der Bettelmönche wieder aufgelöst. Auf einem Teil des ehemaligen Klostergeländes richtete sich der einflußreiche Reichsrat Corfitz Ulfeldt ein. Als Ulfeldt wegen Landesverrates verurteilt und sein Hof abgerissen wurde, entstand 1663 ein öffentlicher Platz: Ulfeldts Plads, später umbenannt in Gråbrødretorv.

»Laut heult der Wind und fährt über den offenen Platz, wo der Hof des Reichshofmeisters gestanden hat; nun ist von ihm nur noch ein Stein übrig. ›Ihn stieß ich wie einen Kieselstein auf das treibende Eis hinaus‹, saust der Wind, ›der Stein strandete, wo einst die Diebesinsel emportauchte, von mir verwünscht; dann kam er mit in Herrn Ulfeldts Hof, wo die Frau zur klingenden Laute sang, Griechisch und Latein und stolz den Kopf hochtrug; jetzt ragt nur der Stein mit seiner Inschrift hervor: Dem Verräter Corfitz Ulfeldt ewig zu Schimpf und Schande‹«, so Andersen im *Bilderbuch des Paten.*

Der »Stein«, ein öffentlicher Mahn- und Schandpfahl, ging Mitte des 19. Jahrhunderts in den Bestand des *Nationalmuseums* (13) über und ist dort im Hof zu besichtigen. Heute steht ein moderner steinerner Brunnen neben der großen Platane auf dem schönsten Platz der Altstadt.

AMAGERTORV UND GAMMELSTRAND

Es war einmal eine stolze Teekanne, stolz auf ihr Porzellan, stolz auf ihre lange Tülle und stolz auf ihren breiten Henkel. Sie hatte etwas vor sich und etwas hinter sich, die Tülle auf der einen Seite und den Henkel auf der anderen, und davon sprach sie gern. Aber von ihrem Deckel sprach sie nicht; denn der war zerbrochen und gekittet. Der hatte einen Fehler, und von seinen Fehlern spricht man nicht gern, das tun schon die anderen. Die Tassen, das Sahnekännchen und die Zuckerschale, kurzum das ganze Teegeschirr würde mehr auf die Gebrechlichkeit des Deckels achten und davon sprechen, als von dem guten Henkel und der ausgezeichneten Tülle; das wußte die Teekanne.«

Amagertorv am Ende der Købmagergade ist der zweite große mittelalterliche Marktplatz Kopenhagens. In dem Renaissancehaus Nr. 6, einem ehemaligen Kaufmannshof aus dem 17. Jahrhundert, hat die *Königlich Dänische Porzellanfabrik* (14) ihre Ausstellungs- und Verkaufsräume. Wegen eines gekitteten Deckels muß sich hier bestimmt keine Teekanne mehr schämen, entsprechend stolz scheinen die Kannen der Tee- und Kaffeeservice nicht nur im Cafésalon im 2. Stock des Hauses zu sein. Doch nicht nur Teekannen und anderes Geschirr, auch Nippesfiguren wie *Die Hirtin und der Schornsteinfeger* gehören traditionell zur Produktion der 1775 gegründeten Königlichen Porzellanfabrik:

»Dort stand eine liebliche Hirtin aus Porzellan. Ihre Schuhe waren vergoldet, das Kleid niedlich mit einer roten Rose gerafft, und dann hatte sie noch einen goldenen Hut und einen Hirtenstab; sie war bezaubernd! Dicht neben ihr stand ein Schornsteinfeger; er war so schwarz wie Kohle, im übrigen aber auch aus Porzellan. Er war ebenso rein wie fein wie jeder andere; daß er ein Schornsteinfeger war, war ja nur etwas, was er vorstellte. Der Porzellanmacher hätte ebensogut einen Prinzen aus ihm machen können; denn das war im Grunde einerlei.«

Zwischen Amagertorv, Strøget und Gammelstrand liegt eines der ältesten Viertel der Stadt. Aber, und darauf weist der Kunsthistoriker Christian Elling hin, auch »eines der merkwürdigsten, denn es ist das so gut wie komplett erhaltene Abbild der Stadt aus der Zeit Holbergs, des frühen 18. Jahrhunderts – das Kopenhagen des Spätbarock«. Und dort gibt es »eine Straße, die den wunderlichen Namen *Hyskenstræde* (15) trägt. Aber warum heißt sie so, und was hat das zu bedeuten? Es soll Deutsch sein, aber da hat man der deutschen Sprache Unrecht getan: ›Häuschen‹ müßte man sagen, und das bedeutet kleine Häuser, denn ehemals und während einer langen Reihe von Jahren standen hier ganz kleine Häuser, die eigentlich nichts weiter als Holzbuden waren, so wie wir sie auf den Jahrmärkten aufgestellt sehen. Ein klein wenig größer waren sie wohl doch, und Fenster hatten sie auch, aber sie waren aus Horn oder Schweinsblase, denn zu jener Zeit war es zu teuer, in allen Häusern Glasfenster zu haben, aber die Zeit liegt nun freilich so weit zurück, daß des Urgroßvaters Urgroßvater, der sie erzählte, auch schon ›in alten Zeiten‹ sagte. Ja, es sind mehrere hundert Jahre her.

Die reichen Kaufleute aus Bremen und Lübeck trieben Handel in Kopenhagen; selbst kamen sie nicht dorthin, sie schickten ihre Handlungsgehilfen, und die wohnten in den hölzernen Buden der ›Häuschenstraße‹ und verkauften Bier und Spezereien.«

Für den »wunderlichen Namen« der Straße gibt es allerdings noch eine andere Erklärung, die ein wenig von Hans Christian Andersens Geschichte abweicht. »Der Ursprung des sonderbaren Namens«, so erläutert es Jens Fleischer, »muß wohl in einer öffentlichen Toilette gesehen werden, die auf Pfählen am Strand stand. Solche Einrichtungen wurden auch hyskener genannt, eine Ableitung von dem plattdeutschen ›Hyseken‹=Häuschen ...«

Wie auch immer die etymologisch korrekte Erklärung des Straßennamens lauten mag, Hans

Christian Andersen wird oft durch die Hyskenstræde, die Magstræde und die anderen Gassen im Gammelstrandviertel gegangen sein. Denn parallel zur Hyskenstræde, in der *Badstuestræde Nr. 18* (16), wohnte der Ballettmeister Carl Dahlén, der sich mit seiner Familie 1820 des jungen Andersen annahm: »Der Solotänzer Dahlén, dessen Frau damals eine der ersten Künstlerinnen der dänischen Bühne war, öffnete mir sein Haus; manchen Abend ging ich dorthin, und die sanfte herzliche Frau war mir gut; der Mann nahm mich mit in seine Tanzschule.«

1838 beginnt Jacob Christian Jacobsen, der Gründer der Carlsberg-Brauerei, in der Brolæggerstræde Nr. 5 mit dem kupfernen Waschkessel seiner Mutter zu experimentieren, um untergäriges Bier herzustellen. Vielleicht hat sich Andersen an die alte Brauerei erinnert, als er einen Brauer den Spitznamen für *Tante Zahnweh* erfinden läßt: »In den früheren Jahren litt sie häufig an Zahnweh und sprach stets davon, und so kam es denn, daß ihr Freund, der Brauer Rasmussen, sich ein Späßchen machte und sie Tante Zahnweh nannte. Er braute in den letzten Jahren nicht mehr, er lebte von seinen Zinsen, kam oft zu Tante und war älter als sie. Er hatte gar keine Zähne mehr, nur ein paar schwarze Stümpfe.

Als er klein gewesen war, hätte er zu viel Zucker gegessen, sagte er zu uns Kindern, davon sähe man später so aus.

Tante hatte gewiß niemals in ihrer Kindheit Zucker gegessen; sie hatte die herrlichsten weißen Zähne.

Sie ginge auch sparsam damit um und schliefe nachts nicht damit! sagte Brauer Rasmussen.

Das war nun boshaft, wußten wir Kinder, aber Tante sagte, er meine nichts Schlimmes damit.«

Und am *Gammelstrand* (17), im frühen Mittelalter noch die Küstenlinie der Stadt, lebte mit Blick auf die Schloßinsel die reiche Witwe Bügel, »wo wir immer essen wie bei einer großen Gesellschaft«. Bei Frau Bügel ist Andersen viele Jahre regelmäßig montags und donnerstags zum Abendessen zu Gast.

DIE SCHLOSSINSEL

Hans Christian Andersens *Spaziergang in der Sylvesternacht* beginnt wie die Geschichte Kopenhagens auf der Schloßinsel Slotsholmen: »Nun trat ich durch das erste Schloßtor, befand mich also auf dem Boden, wo einst das Axelhaus stand. Vielleicht stand ich geradezu auf einem Fleck, den Bischof Absalon oder Waldemar der Große vor mir betreten hatten. Bunte Gedanken schwirrten mir durch den Kopf, bald betrachtete ich das Schloß, bald das Bibliotheksgebäude.«

Im *Bilderbuch des Paten* erzählt er von der Gründung der Stadt: »Die Glocken läuteten in der Stadt Roeskilde, wo Bischof Absalon wohnte; er konnte seine Bibel lesen und sein Schwert schwingen; er hatte Macht und Willen; die emsigen Fischer am Hafen, deren Stadt heranwuchs und Marktplatz geworden war, wollte Absalon vor Überfällen schützen. Er ließ den unehrlichen Boden mit Weihwasser besprengen: die Diebesinsel wurde ehrlich gemacht. Maurer und Zimmerleute machten sich dort drüben ans Werk, auf des Bischofs Geheiß wuchs ein Gebäude empor. Die Sonnenstrahlen küßten die roten Mauern. Dort entstand Axels Haus«, *Christiansborg* (18), »und draußen davor entstand Kopenhagen, der Hafen der Kaufleute«.

Die Reste von Absalons Burg sind in dem seit 1918 als Parlamentsgebäude genutzten Schloß noch immer zu besichtigen, in der heutigen Gestalt hat Andersen Christiansborg jedoch nicht gesehen. 1884 zerstörte ein verheerender Brand große Teile des Schlosses und der Nebengebäude, erst 1928 waren Wiederaufbau und Restauration vollständig abgeschlossen.

Hinter der Schloßkirche liegt »ein großes Haus mit vielen Farben. Es stand dicht beim Schloß an dem Kanal, wo die Schiffe mit Äpfeln und Töpfen an den Ufern lagen. Die Fenster waren unten breiter als oben, und guckten die Spatzen hinein, so war jedes Zimmer, in das sie hineinsahen, wie eine Tulpe mit allen möglichen Farben und Schnörkeln geschmückt, und mitten in diesen Tulpen standen weiße Menschen. Die waren von Marmor; einige waren auch von Gips, aber für Spatzenaugen war das gleich. Oben auf dem Haus stand ein metallener Wagen mit metallenen Pferden davor, und die Siegesgöttin, ebenfalls aus Metall, lenkte sie. Das war *Thorvaldsens Museum* (19)«.

»›Wie das glänzt! Wie das glänzt!‹ sagte das Spatzenfräulein; ›das wird wohl das Schönste sein! Piep! Dies hier ist doch größer als ein Pfau!‹ Sie erinnerte sich noch aus ihrer Kindheit, daß dieser das größte ›Schöne‹ sei, was ihre Mutter gekannt hatte. Und sie flog in den Hof hinab. Dort war es auch prächtig. Palmen und Zweige waren auf die Wände gemalt, und mitten im Hof stand ein großer blühender Rosenstrauch. Der breitete seine frischen Zweige mit den vielen Rosen über ein Grab, (...) das den großen Meister barg, der den herrlichen Marmorbildern Form gegeben hatte.« Der von Andersen hochverehrte Bildhauer Bertel Thorvaldsen wurde 1844, vier Jahre vor Eröffnung des Museums mit seinen Werken und Kunstsammlungen, im Garten der Anlage begraben.

Neben den Königlichen Pferdeställen befindet sich in den Kolonnaden der Eingang des 1766 eingerichteten *Hoftheaters* (20), der Tanzschule, in die Ballettmeister Dahlén den fünfzehnjährigen Andersen aufnimmt: »Da stand ich den ganzen Vormittag mit dem langen Stock und streckte die Beine; aber ungeachtet meines guten Willens meinte Dahlén, daß ich es nicht weiter würde bringen können als zum Figuranten.« Mit einer Karriere als Tänzer, Sänger oder Schauspieler am Theater wurde es nichts, doch immerhin las er hier zwanzig Jahre später öffentlich und erfolgreich aus seinen Märchen vor. Heute dient das ehemalige und vollständig erhaltene Hoftheater als Museum für dänische Theatergeschichte, in dem einige Exponate auch an Hans Christian Andersen erinnern.

Vom Hoftheater gelangt man durch den Bibliotheksgarten mit dem Denkmal Søren Kierkegaards zur *Königlichen Bibliothek* (21). Nur einer glücklichen Windrichtung ist es zu verdanken, daß die Bibliothek mit einem Bestand von inzwischen weit über 1,7 Millionen Büchern, 5.000 Inkunabeln und über 50.000 Handschriften bei dem Brand von 1884 verschont blieb. Fünfzig Jahre zuvor hatte sich Andersen hier als Bibliothekar beworben, »um sich von dem schweren Los, schreiben zu müssen, um leben zu können, zu befreien«. Obwohl sein Gesuch von so einflußreichen Kopenhagener Bürgern wie dem Etatsrat Collin und H.C. Ørsted unterstützt wurde, bekam er den Posten nicht. Der Leiter der Bibliothek erklärte ihm, er sei für diese Aufgabe viel zu begabt, und besetzte die Stelle mit einem anderen Bewerber. 1905 erhielt die Königliche Bibliothek von der Familie Collin, denen Andersen einen Großteil seiner schriftlichen Aufzeichnungen hinterlassen hatte, sämtliche erhaltenen Tagebücher, Briefe und Manuskripte für ihre Handschriften-Abteilung.

»›Folge mir‹, sagte sie, und es klang beinahe, als spräche sie in Versen, ›die Schlüssel zur *Börse* (22) sind in meinen Händen. Folge mir, und ich führe dich durch Christian des Vierten herrliches Gebäude, werde dir die Werke der großen Meister zeigen, die du in deinem ‘Spaziergang’ zitieren kannst. Betrachte nur den Tempel dort mit seinem herrlichen Turm, denke an die Schätze des Heiligtums und vor allem an deine eigene glänzende Zukunft.« Verlassen wir also den Garten der Königlichen Bibliothek und folgen Andersens Muse über den Schloßplatz zur Börse. 1620 wurde die Börse zur Förderung des Kopenhagener Handels eingeweiht, ein Börsenbetrieb in unserem Sinne entwickelte sich aber erst allmählich. Anfangs diente das Renaissancegebäude vornehmlich als Großmarkthalle, in der Obst und Gemüse verkauft wurde.

Dort, so wird in den *Zwei Baronessen* erzählt, gab es »allerlei zu sehen, Reihen von Butiken, zwei ganze lange Straßen unter Dach, und draußen lagen Schiffe, Seite an Seite, von allen Arten; die kleinen Fahrzeuge mit Äpfeln und Töpfen bis zu den großen Kohlenschiffen; da war ein Gedränge von Wagen und Tragbahren, Dienstmädchen kamen mit Marktkörben, Schuljungen mit Büchern, die lange Straße war ein Schmutz. Amager-Mädchen und Fischweiber riefen, die einen noch lauter als die anderen.«

Allerdings fand Christian IV. den Bau, der auf seine Anregung zurückging, nach der Fertigstellung ziemlich langweilig. Als nachträglichen Schmuck beauftragte der Regent daher umgehend den »herrlichen Turm« aus vier zusammengedrehten Drachenschwänzen.

DAS NIKOLAJ-VIERTEL

Über die Holmens Bro geht es zurück zum *Højbro-Plads* (23) mit dem martialisch-idealisierten Reiterstandbild des Stadtgründers Absalon. Uns interessiert allerdings mehr das Eckhaus Højbro Plads Nr. 21/Fortunstræde. Im zweiten Stock des Hauses wohnten Dorothea und Moritz Melchior. Beinahe täglich war Andersen während seines letzten Lebensjahrzehnts entweder in der Wohnung der Melchiors oder auf ihrem Landgut »Rolighed« bei Kopenhagen zu Gast. »Am Højbro Plads beim Kanal am Schloß, da tanzen kleine Elfen im zweiten Stock«, schrieb er als Dank für die Gastfreundschaft auf einen der Fächer Dorothea Melchiors.

1875 wird Andersens 70. Geburtstag hier mit einem üppigen Galadiner gefeiert, das dem Märchendichter auf besondere Weise huldigte. Die zehn Gänge, die die Menükarte aufführt, waren nebst den dazugehörenden Alkoholika nach Märchen Andersens benannt: Das Geflügel wurde als *Die wilden Schwäne* serviert, ein Chateau Larose als *Die schönste Rose der Welt* und der Veuve Cliquot natürlich als *Die Muhme.*

Melchiors hatten sich aber noch ein besonderes Geschenk einfallen lassen. Aus Anlaß des 70. Geburtstages sollte in Kopenhagen ein Denkmal Andersens errichtet werden, unter Leitung der Melchiors rief ein Komitee ganz Dänemark zu einer öffentlichen Spendenaktion auf. Das Denkmal steht heute im Königlichen Garten, Plan und Ausführung indes fanden durchaus nicht des Dichters ungeteilte Zustimmung.

Doch davon später, denn gegenüber der Melchiorschen Wohnung liegt das ehemalige Hotel Royal mit dem Restaurant *Den gyldne Fortun* (24). Bittere Erinnerungen verbinden sich für Hans Christian Andersen mit dem Kellerlokal. Hier traf er sich zu einem Abschiedsessen mit Riborg Voigt, seiner ersten Liebe: »Zwei braune Augen sah mein Blick/ Drin lag meine Welt, meine Heimat, mein Glück/ drin strahlen der Geist und des Kindes Frieden/ und nie und nimmer vergeß' ich's hienieden.« Jahre später verliebt er sich hier erneut. Diesmal in eine der gefeiertsten Sängerinnen der Zeit, die »schwedische Nachtigall« Jenny Lind. Auch diese Liebe endete unglücklich für Andersen.

Enttäuscht verarbeitet er seine Erfahrungen in *Das Liebespaar:* »Und der Kreisel kam wieder in das Zimmer und zu großem Ansehen, aber von dem Balle hörte man nichts, und der Kreisel redete nie mehr von seiner alten Liebe. Die wird bald vergessen, wenn die Liebste fünf Jahre in einer Wasserrinne gelegen hat und aufgeweicht ist, ja, man kennt sie nicht mehr, wenn man ihr im Kehricht begegnet.«

Nur wenige Ecken weiter kommt man ins Viertel rund um die *Nikolaj-Kirche* (25), dem Schauplatz seiner ersten und immerhin dreimal am Königlichen Theater aufgeführten Burleske *Liebe auf dem Nikolaiturm oder Was sagt das Parkett?* In der damals mit Kneipen, Bordellen und Wirtshäusern ziemlich heruntergekommenen Gegend, von der sich durch Sanierungen in den 30er Jahren nur wenig erhalten hat, wohnt Andersen während seiner ersten Kopenhagener Jahre zur Untermiete in der Holmensgade (heute Bremerholm) und in der Dybensgade. »Schmale Straßen, aber die Häuser waren ebenso hoch, und schöne vornehme Damen, stattlich wie zum Ball geputzt, saßen an den offenen Fenstern und grüßten so höflich und freundlich, gerade als ob sie die Leute kennten.«

Ahnungslos quartiert er sich im Bordellviertel ein und berichtet auch später noch darüber mit einer gehörigen Portion Naivität: »Meine Unbekanntschaft mit der Welt führte mich zu einer Witwe in einer der berüchtigsten Straßen Kopenhagens; sie war geneigt mich aufzunehmen, und ich ahnte nicht, welche Welt sich hier um mich herum bewegte. Jetzt befand ich mich mitten in Kopenhagens

Mysterien, aber ich verstand sie nicht zu lesen. Im Hause, wo ich wohnte, war eine freundliche junge Dame, die allein lebte und mitunter weinte; jeden Abend kam ihr alter Vater und stattete ihr einen Besuch ab; ich öffnete ihm häufig die Türe, er trug einen einfachen Rock, hatte den Hals sehr verhüllt und den Hut über die Augen herabgezogen. Er trank immer seinen Tee mit ihr, und es durfte niemand zugegen sein, denn er war menschenscheu; sie schien über sein Kommen nie recht erfreut zu sein.«

Parallel zur Dybensgade verläuft die *Vingårdstræde* (26). Gegen Ende des 15. Jahrhunderts, zur Zeit von König Hans, lag hier tatsächlich ein Weingut, das der Straße ihren Namen gab. Leider ist nicht überliefert, wie der Wein geschmeckt hat, der dort gekeltert wurde, doch im Haus Vingårdstræde 5 wohnte der Direktor des Musikkonservatoriums Guiseppe Siboni, in dessen Abendgesellschaft Andersen wenige Tage nach seiner Ankunft in Kopenhagen platzte: »Der Haushälterin, welche mir die Tür öffnete, erzählte ich nicht bloß mein Anliegen, als Sänger angestellt zu werden, sondern auch meinen ganzen Lebenslauf; sie hörte mit großer Anteilnahme zu und muß den größten Teil davon wiedererzählt haben, denn ich mußte lange warten; als aber die Tür sich öffnete, kam die ganze Gesellschaft heraus und betrachtete mich. Ich mußte singen.« Siboni erklärte sich nach der Vorstellung bereit, ihm Gesangsunterricht zu erteilen.

Zehn Jahre später, zur Zeit seines Abiturs, wohnt Andersen selbst in der Vingårdstræde, in einer Dachkammer des Hauses Nr. 6, des ehemaligen Weingutes:

»Es klimmt der Student zum Dach empor
Wo nicht weit von der Schwalbe er nistet
Dort wohnt er näher dem Engelchor
Als der Graf, der parterre sich brüstet.«

Die Studentenbude mit der Aussicht »über die Schornsteine und Dächer nach dem hohen Kirchturme, auf dem der Wächter herumging«, die er in seinem Gedicht *Der Student* besingt, ist noch immer zu besichtigen (nach Voranmeldung über das Personalcontor des Warenhauses Magasin du Nord, Tel.: 36 77 44 33), nur ein Graf wohnt nicht mehr im Parterre. Im Keller ist mit *Kong Hans* inzwischen eines der vornehmsten Restaurants der Stadt eingezogen.

»Ja, das ist die Österstraße! Wie prächtig und hell und bunt!« Erlöst läßt der Justizrat den Glanz der *Østergade* (27) auf sich wirken, nachdem er aus König Hans Zeit zurückgekehrt ist, in die ihn die *Galoschen des Glücks* versetzt haben. Deren Geschichte beginnt »in einem Haus der Österstraße in Kopenhagen, nicht weit vom Königsneumarkt«. Hier »hatte man große Gesellschaft; die muß man ab und zu haben, dann ist es abgemacht, und man wird wieder eingeladen«.

Seit 1771 die Bürgersteige gepflastert wurden, ist dieser Teil der Strøget, die Verbindung zwischen Amagertorv und Kongens Nytorv entlang des Nikolaj-Viertels, Kopenhagens Boulevard. Eine große Prachtstraße mit vielen Läden, »bunte Tücher wehten über den Türen, das belustigendste Spielzeug stand in den Fenstern, und an den Läden waren die Schilder wahre Gemälde, die man recht gut in einem Staatszimmer aufhängen konnte.« Bereits 1804 ist von pulsierendem Verkehr die Rede, und »20 Jahre später«, so schildert Fleischer die Entwicklung der Straße, »konnte man mit den ersten Fensterauslagen in der Østergade prahlen, und dies führte wiederum zum Gebrauch größerer Schaufenster.« Bis heute liegen in der Østergade die elegantesten Geschäfte, hier kauft man ein und zeigt sich. Allerdings ist beim Flanieren die Kleiderordnung zu beachten. Andersen bekennt 1838: »Was mich sonst zur Zeit interessiert, ist ein Mackintosh, den ich bekommen habe, und ein eleganter Wintermantel, in diesem Winter trete ich zum ersten Mal wie ein Mensch auf. Ich bin gepolstert und geputzt, daß ich richtig schön bin, ich bin ein Dandy! Die Østergade rauf und runter muß man gehen, und ›Der Dichter ist ja gar nicht häßlich‹ sagen die Damen, und zwar feine Damen. Sie stoßen einander an und machen Augen.«

RUND UM KONGENS NYTORV

Wie bei so vielen anderen Kopenhagener Plätzen und Bauten ging die Initiative zur Anlage des *Kongens Nytorv* (28), des Königlichen Neumarktes mit dem »Metallkönig zu Pferde, umgeben von vier schwarzen Riesengestalten«, von Christian IV. aus. Aus städtebaulichen und natürlich auch militärischen Überlegungen wünschte er einen zentralen Platz als Mittelpunkt der von ihm ständig erweiterten Stadt. Tatsächlich war von hier aus die Entfernung zu allen Stadtwällen ungefähr gleich. Die Idee des 1648 gestorbenen Königs erwies sich als richtig, der Platz entwickelte sich rasch zu einem der wichtigsten Verkehrsknotenpunkte der Stadt. Bereits 1670, zehn Jahre nach seiner Anlage, wurde aufgrund des Verkehrsaufkommens beschlossen, den Königlichen Neumarkt zu ebnen und zu pflastern. Der Kongens Nytorv wurde damit zu einer der ersten Adressen Kopenhagens: Ende des 17. Jahrhunderts waren der Bau des als Sitz der dänischen Kunstakademie und Ausstellungsgebäude genutzten Schlosses *Charlottenborg* (29) und des Thottschen Palais gegenüber abgeschlossen; 1749 kam das *Königliche Theater* (30) dazu, 1795 das älteste Hotel der Stadt, das *d'Angleterre* (31). Seine endgültige Gestalt mit den Blumenbeeten, den Baumarkaden und dem schmiedeeisernen Gitter um das Reiterstandbild Christian V. bekam der Platz Mitte des 19. Jahrhunderts.

»Meine erste Wanderung war nach dem Theater; ich ging mehrere Male um dasselbe herum, blickte die Mauern hinauf und betrachtete es fast als eine Heimat.« Direkt nach seiner Ankunft in Kopenhagen war Hans Christian Andersen zum Königlichen Theater am Kongens Nytorv gelaufen, die Faszination des ersten Theaterbesuches schildert er Jahre später in *Nur ein Spielmann*:

»Man erzählt von einem Bauern, der zum erstenmal in seinem Leben ins Theater kam, daß er in der Vorhalle stracks zur Kasse ging, den Kopf in das viereckige Loch steckte und darauf stumm blieb in der Meinung, daß dieses das Perspektiv sei, durch das er das Schauspiel sehen sollte. Christian hätte es ebenso gehen können, denn er war noch nie in einem Theater gewesen. Alles war ihm ein Schauspiel, von den in der Vorhalle aufgestellten Soldaten an bis zu dem Gewimmel, welches die Treppen hinanjagte.

›Jetzt sollst du eine Kommode sehen, in die wir hineinkommen‹, sagte Peter Wik. ›Wir kommen in das oberste Schubfach. Siehst du, das unterste ist etwas ausgezogen, damit die Damen ihren Staat nicht zerknittern.‹

Sie setzten sich auf die erste Bank. Christian war

andächtig stumm, er meinte, es gliche einer großen Kirche.

›In das Himmelbett dort an jeder Seite kommen der König und die Königin‹, sagte Peter Wik. ›Das große Gemälde da vorne geht in die Höhe wie ein Schiffssegel, und dann kommen die Frauenzimmer vor und strecken die Beine aus, erst das eine, dann das andere, gerade wie eine Fliege in einem Topf mit Sahne.‹«

Für Hans Christian Andersen wird das Theater trotz aller Enttäuschungen, die er bei seinen eigenen Versuchen an der Bühne erlebte, tatsächlich zu einer Art Heimat, es »wurde, wenn ich es so nennen darf, mein Klub, den ich jeden Abend besuchte«. Selbstverständlich war er dabei, als 1874 der Neubau am Kongens Nytorv eingeweiht wurde.

»›Das Theater ist meine Schule!‹ sagte die Muhme, ›die Quelle meiner Kenntnisse, dort habe ich meine Biblische Geschichte aufgefrischt: *Moses*, *Joseph und seine Brüder*, das sind nun Opern! Aus dem Theater habe ich meine Weltgeschichte, Geographie und Menschenkenntnis! Aus den französischen Stücken kenne ich das Pariser Leben – schlüpfrig aber höchst interessant! Wie habe ich über die *Familie Riqueborg* geweint, weil der Mann sich tottrinken muß, damit sie den jungen Liebhaber bekommen kann! – Ja, wie viele Tränen habe ich in den fünfzig Jahren geweint, in denen ich abonniert war!‹

Die Muhme kannte jedes Theaterstück, jede Kulisse, jede Person, die auftrat oder aufgetreten war. Sie lebte eigentlich nur während der neun Theatermonate. Die Sommerzeit ohne Sommertheater war eine Zeit, die sie nur alt machte, während ein Theaterabend, der sich über Mitternacht hinzog, eine Verlängerung des Lebens war. Sie sagte nicht wie andere Leute: ›Nun kommt der Frühlig, der Storch ist da!‹ oder ›Die ersten Erdbeeren sind in der Zeitung angeboten.‹ Sie verkündete das Nahen des Herbstes. ›Haben Sie gelesen, die Theaterlogen werden vergeben? Jetzt beginnen die Vorstellungen!‹

Sie schätzte den Wert und die gute Lage einer Wohnung nur danach ab, wie nahe sie am Theater lag.«

Ähnlich wie *Die Muhme* hielt es Andersen. Von 1830 an bezieht er nur noch Wohnungen, die in unmittelbarer Nähe des Theaters oder direkt am Königlichen Neumarkt liegen. Doch Andersen ist ein ziemlich flatterhafter Mieter. Lange hält er es selten an einem Ort aus, sein Hausrat beschränkt sich auf das Allernotwendigste. Im Alter von immerhin einundsechzig Jahren muß er beinahe gezwungen werden, sich sein erstes eigenes Bett zu kaufen. »Nun soll ich ein eigenes Haus bekommen«, beklagt er sich, »sogar ein Bett, mein eigenes Bett; das macht mir Angst! Ich belaste mich mit Mobiliar, Bett und Schaukelstuhl, ganz zu schweigen von Büchern und Bildern.«

Ebenso, wie er nicht in der Lage war, wirklich enge persönliche oder familiäre Bindungen einzugehen, fürchtet er sich geradezu vor einem festen Wohnsitz, der schwer überschaubare Kosten verursachen und ihn möglicherweise an seinem permanenten Reiseleben hindern könnte: »Reisen heißt leben.«

Zeitweilig logiert er im »Hotel du Nord«, dem jetzigen Kaufhaus Magasin du Nord an der Ecke Vingårdstræde/Kongens Nytorv, zwischendurch immer wieder im Hotel d'Angleterre (für 2.300 dänische Kronen, fast 800 DM pro Nacht, ist sein Zimmer, Nr. 208 im 2. Stock, mit Blick auf den Platz noch immer zu beziehen). Drei Jahre wohnt er an der Ecke Kongens Nytorv/Lille Kongensgade über einem »der meistbesuchten Cafés der Stadt«, dem Kaffeehaus *Stefan à Porta* (32). »Vergoldung vergeht, aber Schweinsleder besteht!« behaupten die Wände in Andersens Märchen *Das alte Haus.* Bei à Porta haben sie recht behalten – noch immer hängen die alten Ledertapeten in dem italienischen Restaurant, allerdings ist die Vergoldung nach gut einhundertfünfzig Jahren doch ein wenig verblaßt.

Eine der vielen Stationen war das Hotel Garni »Kronprinsesse Louisa« in der *Tordenskjoldsgade Nr. 17* (33). An diesen Aufenthalt dachte er allerdings ausgesprochen ungern zurück. »Ich wohne bei einer ruhigen Familie;« beschreibt er die Unterkunft in *Tante Zahnweh,* »sie denkt nicht an mich, selbst wenn ich dreimal läute. Vorn ist es ein wahres Spektakelhaus mit Lärm und Krach von Wind und Wetter und Menschen. Ich wohne gerade über dem Tor; jeder Wagen, der aus und einfährt, setzt die Bilder an den Wänden in Bewegung. Das Tor rüttelt und schüttelt das Haus, als ob es Erdbeben gäbe. Die Torglocke zum Hofe des Nachbarn läutet bei jedem Windstoß. Unsere Hausbewohner kommen tropfenweise heim, spät am Abend, in der tiefsten Nacht; der Mieter gerade über mir, der am Tage Stunden im Posaunenblasen gibt, kommt am spätesten heim und legt sich nicht nieder, ehe er nicht mit schweren Schritten und eisenbeschlagenen Stiefeln einen kleinen Mitternachtsspaziergang gemacht hat.«

Zum Glück war es vom Hotel aus nicht weit zur Tordenskjoldsgade / Ecke Kongens Nytorv, wo dem Eingang des Königlichen Theaters gegenüber das Restaurant *Ferrini* (unter wechselnden Eigentümern bis heute ein Lokal) (34) lag. »Samstag ist mein freier Tag, da esse ich, wo ich eingeladen werde, sonst bei Ferrini.« Und auch am Sonntag war es bis zum Essen nur ein kurzen Spaziergang, wenn er nicht den langen Weg zu seiner mütterlichen Freundin Frau Læssoe nach Østerbro auf sich nehmen wollte. Dann aß er im Studentenverein, Holmens Kanal 22, wo er häufig zu Lesungen aus seinen Märchen eingeladen war.

Und noch eines von Andersens Stammlokalen befand sich in unmittelbarer Nähe des Kongens Nytorv: das Café des Konditors Grandjean in der *Store Strandstræde 3* (35). Viel verband den Märchendichter mit dem »schiefen und eckigen Fachwerksgebäude in einer ansehnlichen Straße«. Hier wohnte bis 1838 die Familie des Konferenzrates Jonas Collin, zu dem Andersen »in allem vertrauensvoll emporblickt, der mit ein zweiter Vater geworden ist und in dessen Kindern ich meine Geschwister gefunden habe«. Nach dem Umzug der Familie Collin in die Amaliegade kaufte der österreichische Konditor Grandjean das alte Collinsche Haus und ersetzte es durch einen Neubau. Sein Café, dessen Eröffnung Andersen mit einem Gedicht begleitete, wurde rasch zum Stammværtshus von Schauspielern, Künstlern und Bohemiens der Stadt. Die mit großformatigen Wandbildern von weiblichen Allegorien der vier Jahreszeiten verzierten Räume der ehemaligen Konditorei sind unverändert erhalten, heute befindet sich hier das Restaurant »Els«.

NYHAVN

Der Tag brach an, Christian eilte auf das Deck hinauf. Hätte eine Marmorstadt mit goldenen Dächern und Schlössern von durchsichtigem Glase sich ihm gezeigt, es würde ihn nicht in Erstaunen versetzt haben, seine Phantasie war auf alles vorbereitet. Er dachte sich, daß er von dem Anblick überwältigt werden würde, aber er sah durchaus nichts, worauf er vorbereitet war. Viele Schiffe erblickte er, ein paar Häuser und auf der schmalen Landzunge zur Linken eine Reihe hoher Gebäude, die auf dem Wasser zu schwimmen schienen.

Jetzt bestrahlte die Sonne die vielen halbfertigen Schiffe auf den Werften. Arbeitsleute kamen zum Vorschein, und das Schiff glitt in den breiten Strom zwischen dem Holm und Kopenhagen; da tauchten Gebäude, Türme und Brücken auf, man segelte eine Straße gerade hinauf, das war *Nyhavn* (36). Hohe Häuser erhoben sich zu beiden Seiten, so viele Stockwerke hatte kein Haus in Svendborg. Große und kleine Schiffe lagen nebeneinander in dem breiten Kanal, und von jedem wehten bunte Flaggen, denn es war eine Hochzeit dort am Hafen, und da flaggt man. Das war eine Pracht, als ob der König erwartet würde. In den schmalen Gassen längs des Kanals rollten Karren und Wagen vorbei, die Leute riefen und schrien. Herren und Damen, geputzt wie Herrschaften, gingen aneinander vorbei, ohne sich zu grüßen.«

Hier in *Nyhavn*, »einer Ecke von Kopenhagen, von wo ich hinaus über das Meer zur schwedischen Küste sehen kann, wo Schiffe kommen und gehen«, hielt es Andersen am längsten aus. Insgesamt vier Wohnungen bezog er im Laufe seines Lebens an dem Ende des 17. Jahrhunderts angelegten »neuen Hafen« am Kongens Nytorv, »wo die zweimastigen Schiffe liegen und die Schiffsjungen im Mastkorb hängen«. Auf der geraden, der ordentlichen Seite von Nyhavn wohnte er in den Häusern Nr. 18 und 20; auf der ungeraden, der »anrüchigen« Seite mit den Läden der Schiffsausrüster und den von Seeleuten und Huren besuchten Kellerkneipen, in Nr. 67 und 69.

In seiner ersten Wohnung, Nyhavn Nr. 20, beginnt Hans Christian Andersen 1835 mit der Niederschrift der ersten Märchen. In einem Neujahrsgruß schreibt er an eine Freundin: »Ich fange jetzt mit einigen ›Kinder-Märchen‹ an, ich will die kommenden Generationen für mich gewinnen, müssen Sie wissen.« Zu den ersten Märchen gehört *Die Blumen der kleinen Ida*. Vom Schlafzimmer seiner Wohnung am Nyhavn aus konnte er in den Botanischen Garten sehen, der damals noch hinter Schloß Charlottenborg lag und erst gegen Ende des 19. Jahrhunderts an seinen heutigen Platz an der Gothersgade verlegt wurde. Hier findet der Ball der *Blumen der kleinen Ida* statt:

»›Wo tanzen die schönsten Blumen?‹ fragte die kleine Ida.

›Bist Du nicht oft vor dem Tore bei dem großen Schloß gewesen, wo der König im Sommer wohnt und der prächtige Garten mit den vielen Blumen ist! Du hast ja die Schwäne gesehen, die zu Dir heranschwimmen, wenn Du ihnen Brotkrumen geben willst. Dort draußen ist wirklich Ball, das kannst Du mir glauben!‹

›Ich war erst gestern mit meiner Mutter draußen im Garten!‹ sagte Ida, ›aber alle Blätter waren schon von den Bäumen herunter, und es waren gar keine Blumen mehr da! Wo sind sie? Im Sommer sah ich so viele!‹

›Sie sind drinnen im Schloß!‹ sagte der Student. ›Du mußt wissen, sobald der König und alle Hofleute hierher in die Stadt ziehen, laufen die Blumen gleich vom Garten in das Schloß und sind lustig. Das solltest Du sehen! Die zwei allerschönsten Rosen setzen sich auf den Thron, und dann sind sie König und Königin. All die rothen Hahnenkämme stellen sich an den Seiten auf und verbeugen sich. Das sind die Kammerjunker. – Dann kommen die niedlichen Blumen, und dann ist großer Ball. Die blauen Veilchen stellen kleine Seekadetten vor; sie tanzen mit Hyazinthen und

Krokus, die sie Fräulein nennen! Die Tulpen und die großen gelben Lilien sind die alten Damen, die aufpassen, daß hübsch getanzt wird und daß es ordentlich zugeht.‹«

Zwei Jahre vor seinem Tod, im September 1873, zieht der inzwischen auch in Kopenhagen angesehene und geehrte Dichter zum letzten Mal um, in das Haus Nyhavn Nr. 18. Seine Wünsche als Untermieter sind präzise und eindeutig. Einen Tag, bevor er einzieht, schreibt er Fräulein Clara Ballin, seiner künftigen Vermieterin, einen Brief: »Sehr geehrtes Fräulein, so Gott will, werde ich morgen meine Zimmer beziehen. Sie waren sicherlich so gut, dafür zu sorgen, daß Licht, Zucker, Lampen-Öl, Tinte usw. vorhanden sind – darf ich noch hinzufügen, daß ich darum bitte, 6 Flaschen Bayerisches Bier, eine Flasche Portwein zu 8 Mark und eine Flasche Madeira zu 9 Mark zu kaufen. Alles ist sicherlich soweit in Ordnung, besonders das Bett ist gut gelüftet. Brot, Butter, Fleisch oder Süßigkeiten werde ich am ersten Abend wohl bei Ihnen erhalten, danach können wir uns absprechen. Ich hoffe, daß Sie und Ihre Schwester sich meiner freundlich annehmen und ich mich bald so wohl befinden werde, daß ich Ihnen weniger Umstände mache als nun in den ersten Tagen meiner Ankunft.

Ergebenst H.C. Andersen

P.S. Da ich ›Rolighed‹ vor dem Abendessen verlasse, wünschte ich, wenn es möglich wäre, zu Hause ein wenig gekochten Fisch, z.B. Flunder mit Butter und Senf, vorzufinden.«

AMALIENBORG UND FREDERIKSSTADEN

Es war einmal ein altes Schloß, das lag in der großen, geschäftigen Stadt. Im Schlosse gibt es Stuben und Säle, aber dort gehen wir nicht hinein. Wir bleiben in der Küche. Dort ist es warm und hell, dort ist es rein und nett.«

Am St. Annæ Plads hinter Nyhavn beginnt Frederiksstaden, die Friedrichstadt um Schloß Amalienborg, das Andersen bei seiner Beschreibung in *Begraben ist nicht vergessen* durchaus im Sinn gehabt haben könnte. 1749 hatte Frederik V. mit der Erweiterung des Stadtgebietes begonnen und verfügt, daß die Anlage der Straßen und Gebäude nach einem streng geometrischen Muster vorgenommen werden sollte. »Die Stadt wächst nicht mehr, um die Freiheit und Geborgenheit der in ihr wohnenden Handwerker und Kaufleute zu gewährleisten«, erklärt der Kunsthistoriker Broby Johansen am Beispiel der Friedrichstadt die Idee der Stadtplaner zur Zeit des Absolutismus, »sondern wird zum Mittel der politischen Machtkonsolidierung, zum handfesten Ausdruck des zentralisierten Rechts, der Ordnung und der Uniformität. Die Königsmacht wollte die Hauptstadt so groß und so repräsentabel wie möglich.«

Der Weg zum Schloß Amalienborg führt durch die *Amaliegade*, vorbei am unverändert erhaltenen Haus Nummer 9 (37), das Jonas Collin und seine Familie ab 1838 bewohnen. Bei geöffnetem Tor lohnt ein Blick in den Hof und auf die sorgfältig restaurierten Hinter- und Nebengebäude. Für Hans Christian Andersen wird das Collinsche Haus, für das im wöchentlichen Speiseplan der Dienstag reserviert war, zum »Heim der Heime«. Doch trotz aller Dankbarkeit blieben seine Gefühle gegenüber den Collins ambivalent. »Er war glücklich in unserem Kreise, glücklich, sich wie ein Sohn des Hauses behandelt zu sehen,« erklärt Jonas Collins Sohn Edvard die Situation Andersens, »aber auch bekümmert darüber, daß er kein Sohn des Hauses war, daß seine Werke von uns nicht genug gewürdigt wurden, und dieser Kummer nahm unweigerlich zu, als Andersen allmählich bei anderen Anerkennung fand.«

Einen Eindruck von der distinguierten Atmosphäre des Hauses vermittelt das Märchen *Im Entenhof*: »Alle, die aus ihren Eiern gekrochen waren, wurden die Portugiesischen genannt, und das bedeutete etwas. Nun war von ihrem ganzen Geschlecht nur noch eine einzige auf dem Entenhofe übrig, einem Hofe, zu dem auch die Hühner Zutritt hatten, und wo der Hahn mit unendlichem Hochmut auftrat.

›Er kränkt mich mit seinem furchtbaren Gekrähe,‹ sagte die Portugiesische. ›Aber schön ist er, das kann man nicht leugnen, wenn er auch kein Enterich ist. Mäßigen sollte er sich, aber sich zu mäßigen ist freilich eine Kunst, die von höherer Bildung zeugt. Die kleinen Vögel oben im Lindenbaum des Nachbargartens besitzen sie; wie lieblich sie singen! Es liegt etwas so Rührendes in ihrem Gesange; ich nenne es Portugal! Hätte ich so einen kleinen Singvogel, ich wollte ihm eine Mutter sein, liebreich und gut, das liegt mir im Blut, im portugiesischen!‹

Schräg gegenüber (inzwischen ein modernes Bürogebäude) eröffnete 1850 in der Amaliegade 10 das *Casino* (38), Kopenhagens erstes Volkstheater. Andersen, der rasch zu einem regelmäßigen Besucher des Theaters wird, lieferte umgehend Bühnenfassungen seiner Märchen und griff, zum Leidwesen der Regisseure, hin und wieder gern in die Inszenierungen ein.

Mittelpunkt des neuen Stadtteils Frederiksstaden wurden die vier Palais des Schlosses *Amalienborg* (39) rund um den Schloßplatz. Mitten auf dem Platz setzte sich Friedrich V. mit einem Reiterstandbild als römischer Imperator selbst ein Denkmal. Ziemlich unbeeindruckt von der absolutistischen Idee der Anlage beschreibt Theodor Mügge den Schloßplatz: »Die Paläste selbst sind alt und geschmacklos. Es ist eben nichts daran zu sehen.

Eine tiefe Stille herrscht umher. Die Straßen sind öde, der Platz ist einsam, der Tritt der Schildwache, wiederhallend auf dem Pflaster, hat etwas Gespenstisches.«

Hans Christian Andersen wäre mit der Betrachtung seines Zeitgenossen sicher nicht einverstanden gewesen. Er hatte eine besondere Beziehung zu Amalienborg. Denn im nordöstlichen Schloßgebäude, dem Brockdorffschen Palais, wohnte mit Blick auf den Schloßplatz der Fregattenkapitän P. F. Wulff, einer der führenden Shakespeare-Übersetzer Dänemarks. Bei ihm hatte sich Andersen bereits als Sechszehnjähriger eingeführt: »Sie haben Shakespeare übersetzt, den liebe ich auch sehr, aber ich habe ebenfalls eine Tragödie geschrieben, bitte hören Sie zu!« Verblüfft über die Dreistigkeit des jungen Mannes hörte Wulff tatsächlich zu. Andersen wurde ein enger Freund der Familie, wohnte als Schüler zeitweilig in der Wulffschen Wohnung, »wo alles Eleganz, Reinlichkeit und die Behaglichkeit der gebildeten Welt war« und kam regelmäßig am Freitag zum Abendessen. Jahre später war er als anerkannter und berühmter Dichter in Amalienborg häufig Gast der königlichen Familie.

Die Schloßanlage wird als Wohnsitz des dänischen Königshauses noch immer von der Königlichen Garde in ihren schwarzen Bärenfellmützen und roten Schilderhäuschen mit herzförmig ausgeschnittenen Gucklöchern bewacht. Nur hat das regelmäßige Ritual der Wachablösung kaum noch etwas Gespenstisches, es ist eher amüsant, wenn die Königliche Garde zinnsoldatenmäßig aufmarschiert. Und öde und einsam ist der Platz – im Gegensatz zu Andersens und Mügges Zeiten – heute auch nur noch selten. Amalienborg gehört zum festen Bestandteil jeder Stadtrundfahrt, nur wenige Kopenhagen-Besucher lassen sich das mittägliche Schauspiel der Wachablösung entgehen.

Auf der anderen Seite des Schloßplatzes in Richtung der Wallanlagen liegt zwischen Amaliegade und Bredgade *Kunstindustrimuseet*, das Kunstgewerbemuseum (40). Das ehemalige Krankenhaus der Friedrichstadt spielt mit seinem Gitterzaun in den *Galoschen des Glücks* eine wesentliche Rolle: »Jeder Kopenhagener weiß, wie der Eingang zum Friedrichshospital in Kopenhagen aussieht, aber da vermutlich auch einige Nichtkopenhagener diese Geschichte lesen, müssen wir eine kurze Beschreibung darüber geben.

Das Hospital ist von der Straße durch ein ziemlich hohes Gitter getrennt, dessen dicke Eisenstäbe so weit auseinanderstehen, daß, wie man erzählt, sich sehr dünne Kandidaten hindurchgeklemmt und draußen kleine Besuche gemacht haben sollen. Der Teil des Körpers, der am schwierigsten hinauszubefördern war, war der Kopf; hier, wie oft in der

Welt, waren also die kleinen Köpfe die glücklichsten. Dieses wird als Einleitung genug sein.

Einer der jungen Volontäre, von dem man nur in körperlicher Hinsicht sagen konnte, daß er einen großen Kopf habe, hatte an diesem Abend gerade Wache, der Regen strömte herab; doch ungeachtet dieser beiden Hindernisse mußte er hinaus. Nur eine Viertelstunde, das war ja nichts, was dem Pförtner anzuvertrauen nötig sei, meinte er, wenn man durch die Eisenstangen schlüpfen konnte. Da lagen die Galoschen, die der Wächter vergessen hatte; es fiel ihm nicht im mindesten ein, daß es die des Glücks seien, sie konnten in diesem Wetter recht gute Dienste leisen. Er zog sie an, und nun kam es darauf an, ob er sich hindurchklemmen konnte; er hatte es bisher noch nie versucht. Da stand er nun.

›Wollte Gott, ich hätte den Kopf draußen!‹ sagte er, und sofort, obwohl der sehr dick und groß war, glitt er leicht und glücklich hindurch. Das mußten die Galoschen verstehen, aber nun sollte der Körper mit hinaus, das ging nicht.

›Oh, ich bin zu dick!‹ sagte er. ›Der Kopf, dachte ich, sei das schlimmste! Ich komme nicht hindurch!‹

Nun wollte er den Kopf zurückziehen, aber das ging auch nicht. Den Hals konnte er bequem bewegen, aber das war auch alles. Das erste Gefühl war, daß er ärgerlich wurde, das zweite, daß seine Laune unter Null sank. Die Galoschen des Glücks hatten ihn in diese schreckliche Lage gebracht, und unglücklicherweise fiel es ihm nicht ein, sich frei zu wünschen, nein, er handelte nur und kam nicht von der Stelle. Der Regen strömte herab, nicht ein Mensch war auf der Straße zu erblicken. Die Pförtnerklingel konnte er nicht erreichen, wie sollte er nur loskommen? Er sah voraus, daß er hier bis zur Morgenstunde stehen könne, dann mußte man nach einem Schlosser senden, damit die Eisenstäbe zerfeilt würden. Aber das geht nicht so geschwind, die ganze Armenschule gerade gegenüber würde auf die Beine kommen, das ganze Matrosenviertel herbeilaufen, um ihn am Pranger zu sehen, das würde einen Auflauf geben, ganz anders als bei der Riesenagave im vorigen Jahre. ›Hu! das Blut steigt mir zu Kopfe, so daß ich verrückt werden muß! Ja, ich werde verrückt! Oh, wär' ich doch wieder los, dann ginge es wohl vorüber!‹«

NYBODER UND KONGENS HAVE

Gerade so ein großer blühender Baum stand draußen in *Nyboder!* (41) Er wuchs in einer Ecke auf einem kleinen, armseligen Hof; unter diesem Baume saßen eines Nachmittags in dem herrlichsten Sonnenschein zwei alte Leute; es war ein alter, alter Seemann und seine alte, alte Frau; sie waren Urgroßeltern und sollten bald ihre goldne Hochzeit feiern, aber sie konnten sich des Datums nicht recht entsinnen, und das Fliedermütterchen saß im Baum und sah so vergnügt aus, geradeso wie hier. ›Ich weiß recht gut, wann die goldene Hochzeit ist‹, sagte sie, aber sie hörten sie nicht, denn sie sprachen von alten Zeiten.«

In einem der Gärten hinter den einheitlich ockergelben Häuschen von Nyboder, dem »Matrosenviertel« am Rande der Friedrichstadt, sitzt Andersens *Fliedermütterchen* im Baum und belauscht das Gespräch des alten Ehepaares. Als eine frühe, aber durchaus sympathische Form der Reihenhaussiedlung wurden die »Neuen Buden« in den Jahren nach 1630 für die Familien der Marinesoldaten und königlichen Seeleute gebaut; bei der rechtwinkeligen Anlage der Straßenzüge, die Namen von Heilkräutern und Tieren – Krokodillegade (Krokodilstraße), Haregade (Hasenstraße) oder Hjertensfrydsgade (Melissenstraße) – bekamen, spielte angeblich eine nicht unwesentliche Rolle, daß man das Quartier so von den Wällen her gut mit Kanonen in Schach halten konnte. Nyboder war ursprünglich ein Militärlager mit strengen Regeln, und die Seeleute galten als ausgesprochen schwer disziplinierbar. Eine inzwischen längst überflüssige Vorsichtsmaßnahme, obwohl die Wohnungen von Nyboder nach wie vor den Angehörigen der Marine vorbehalten sind.

Von Nyboder führt der Weg zum Königlichen Garten durch die *Kronprinsessegade (42)*, die in ihrer Verlängerung direkt am Kongens Have entlang verläuft. »An den meisten anderen Orten der Stadt ist man auf die eigene Phantasie angewiesen, um sich aus dem kaleidoskopartigen Wirrwarr der Gegenwart die Vergangenheit zu rekonstruieren«, schreibt Broby Johansen über diesen Teil der Straße. »Hier findet sich das unbeschädigte Ganze, eine unvergleichliche Kulisse der klassischen Periode des dänischen Kulturlebens.« In der Ende des 18. Jahrhunderts für wohlhabende Bürger, die sich die Nähe zum Königshaus leisten konnten, angelegten Staße wohnte im Haus Nr. 36 der Komponist Weyse, der Andersen direkt nach seiner Ankunft in Kopenhagen durch eine Sammlung unter seinen Bekannten unterstützte: »Ich kam zu Weyse, der selbst arm sich emporgearbeitet hatte; er hatte meine unglückliche Lage tief gefühlt und durch eine Kollekte 70 Reichsbanktaler für mich eingesammelt.«

Mittags hielt sich Hans Christian Andersen zu dieser Zeit fast täglich im *Kongens Have* (43) auf, um »auf einer Bank ein kleines Brot« zu verzehren. Hier verbrachte er die Stunden bis zum Abendessen. »Daß es drei Tage in der Woche gab, an denen er kein Mittagbrot erhielt«, erzählt Andersen von seinem alter ego Christian in *Nur ein Spielmann,* »verbarg er vor seiner Wirtin und tat, als ginge er zum Essen aus, aber dann wanderte er entweder außerhalb des Kastells an der See entlang und verzehrte sein Brot oder saß im Königs-Garten und betrachtete mit Ammen und Kindern das unschuldige Wasser des Springbrunnens.« Wie seine Romanfigur schämte sich Andersen zuzugeben, daß er kein Geld besaß, um sich mittags eine richtige Mahlzeit leisten zu können.

Anfang des 17. Jahrhunderts hatte Christian IV. eine Reihe von Gärten, die damals noch vor den Stadtwällen lagen, aufkaufen und auf dem Gelände nach französischen Vorbildern *Schloß Rosenborg* (44) und den Königlichen Garten anlegen lassen. Ein Jahrhundert später wurde das ursprünglich als Lustschloß und Sommerresidenz geplante Rosenborg nach einigen Umbauten und Erweiterungen kaum noch als Wohngebäude genutzt, es diente vornehmlich Repräsentationszwecken. Das Renaissanceschloß wurde als Aufbewahrungsort der königlichen Kunstsammlungen und Kronjuwelen zur Schatzkammer des dänischen Königshauses und des Reiches. »Auf Schloß Rosenborg gibt es gar keine Leute,« berichtet 1850 ein jütischer Bauer nach einem Besuch der Hauptstadt, »sondern lauter Sachen von den alten Königen, und es soll ungeheuer viel darin zu sehen sein. Aber das kostet drei Reichstaler …«

Die kargen Mahlzeiten, die Spaziergänge im Königlichen Garten und den täglichen Blick auf das Schloß hatte Hans Christian Andersen nicht vergessen, als er 1835 begann, Märchen zu schreiben:

Die Prinzessin auf der Erbse

»Es war einmal ein Prinz, der wollte eine Prinzessin zur Frau nehmen, aber es sollte eine wirkliche Prinzessin sein. Da reiste er in der ganzen Welt herum, um eine solche zu finden, aber überall stimmte etwas nicht recht. Prinzessinnen gab es ja genug. Aber er konnte niemals ganz dahinter kommen,. ob es auch wirkliche Prinzessinnen waren, denn immer gab es etwas, was nicht so recht in Ordnung war. So kam er denn wieder nach Hause und war sehr betrübt, denn er hätte so gerne eine wirkliche Prinzessin gehabt.

Eines Abends zog ein furchtbares Unwetter herauf; es blitzte und donnerte, der Regen strömte hernieder; es war ganz schrecklich! Da klopfte es an das Stadttor, und der alte König ging hin, um aufzuschließen. Es war eine Prinzessin, die draußen stand. Aber, lieber Gott!, wie hatten der Regen und das böse Wetter sie zugerichtet! Das Wasser lief ihr von den Haaren und den Kleidern herunter, zu den Schuhspitzen hinein und an den Hacken wieder heraus, und doch sagte sie, daß sie eine wirkliche Prinzessin sei.

›Ja, das wollen wir schon herausbringen!‹ dachte die alte Königin, aber sie sagte nichts, ging in die Schlafkammer, nahm alle Betten ab und legte eine Erbse unten ins Bett. Darauf nahm sie zwanzig Matratzen, legte sie über die Erbse, und dann noch zwanzig Eiderdaunen-Betten über die Matratzen.

Da sollte nun die Prinzessin in der Nacht liegen.

Am Morgen fragte man sie, wie sie geschlafen habe.

›Oh, furchtbar schlecht!‹ sagte die Prinzessin, ›ich habe fast die ganze Nacht kein Auge zugetan! Gott weiß, was da im Bette gewesen sein mag! Ich habe auf etwas Hartem gelegen, so daß ich am ganzen Körper braun und blau bin! Es war ganz schrecklich!‹

Nun erkannten sie wohl, daß es eine wirkliche Prinzessin war, da sie durch 20 Matratzen und 20 Eiderdaunenbetten hindurch die Erbse gespürt hatte; so empfindlich konnte doch niemand sein, der nicht eine wirkliche Prinzessin war.

Da nahm sie der Prinz zur Frau, denn nun wußte er, daß er eine wirkliche Prinzessin bekam, und die Erbse kam in die Kunstkammer, wo sie heute noch zu sehen ist, wenn sie niemand weggenommen hat. Seht, das war eine richtige Geschichte!«

Auch der Soldat mit dem *Feuerzeug* besucht, als er »lustig darauf los« lebt, sofort »des Königs Garten und gab den Armen viel Geld, und das war wohlgetan; er wußte noch aus alten Zeiten, wie schlimm es war, nicht einen Schilling zu besitzen!« Und auch in diesem Märchen wohnt die Prinzessin auf Rosenborg: »Es ist doch merkwürdig, daß man die nicht zu sehen bekommen darf! Sie soll so wunderschön sein, sagen alle; aber was kann das helfen, wenn sie immer in dem großen Kupferschloß mit den vielen Türmen sitzen muß.«

Der Bevölkerung steht der Königliche Garten rund um das »große Kupferschloß« seit dem 18. Jahrhundert offen. Seither führen drei Hauptwege durch den Park: der »Kavalliersgang«, an dessen Ende der Herkulespavillion, ein ehemaliges Gartenhaus, liegt; der »Damengang«, dessen Achse direkt auf den Runden Turm in der Købmagergade zeigt, und der »Husgang«, ein Quergang, der zum Schloß führt. Am Ende des Damenganges – gleich in der Nähe des Einganges an der Kronprinsessegade – steht das überlebensgroße Denkmal des Märchendichters, das die Melchiors zum 70. Geburtstag Andersens angeregt hatten. Mit der Realisation hatte man den Bildhauer August Saaby beauftragt. Saabys Entwurf sah eine Statue des Dichters vor, der Kindern aus seinen Märchen vorliest. Andersen war empört. An Edvard Collin schreibt er: »Saaby hat mich gestern abend wieder besucht. Mein Blut kochte, und so sagte ich meine Meinung klar und deutlich, sagte, daß keiner der Bildhauer mich kennt, daß keiner ihrer Entwürfe vermuten läßt, sie hätten das Charakteristische an mir gesehen oder erkannt, daß ich niemals vorlesen konnte, wenn jemand hinter mir oder neben mir saß, erst recht nicht mit kleinen Kindern auf dem Schoß oder auf dem Rücken, oder jungen Kopenhagenern, die sich dicht gegen mich lehnten, daß es eine reine Phrase sei, mich den ›Kinderdichter‹ zu nennen. Es war mein Ziel, ein Dichter für sämtliche Lebensalter zu sein, und Kinder würden mich nicht repräsentieren.«

Andersen setzte sich durch. Saabys Denkmal, das 1880 aufgestellt wurde, blieb kinderlos; der Dichter hält lediglich ein Buch in der Hand und wendet sich an ein imaginäres Publikum.

DIE STADT AUSSERHALB DER WÄLLE

TIVOLI UND GLYPTOTHEK

Des Kaisers Schloß war das prächtigste der Welt und bestand ganz und gar aus feinem Porzellan. Es war sehr kostbar, aber so zerbrechlich und empfindlich, daß man sich ordentlich in acht nehmen mußte, wenn man es berührte. Im Garten sah man die seltsamsten Blumen, und an die allerprächtigsten waren silberne Glöckchen gebunden; die klingelten, wenn man vorbeiging, damit man sie auch bemerken möchte. Ja, alles war auf das feinste ausgeklügelt in des Kaisers Garten! Er erstreckte sich so weit, daß selbst der Gärtner sein Ende nicht kannte. Ging man immer weiter, so kam man in den herrlichsten Wald mit hohen Bäumen und tiefen Seen. Der Wald ging bis an das Meer hinunter; das war blau und tief. Die großen Schiffe konnten bis unter die Zweige heranfahren, und hier wohnte eine Nachtigall, die so herzerfreuend sang, daß selbst der arme Fischer, der doch soviel zu tun hatte, still lag und lauschte, wenn er über Nacht draußen war, um seine Netze einzuziehen, als er die Nachtigall hörte. ›Ach Gott, wie ist das schön!‹ sagte er, aber dann mußte er sich wieder um seine Arbeit kümmern und vergaß den Vogel; doch in der nächsten Nacht, wenn sie wieder sang, und der Fischer in die Nähe kam, sagte er dasselbe: ›Ach Gott, wie ist das doch schön!‹

Aus allen Ländern der Welt kamen die Reisenden nach des Kaisers Stadt und bewunderten sie samt dem Schloß und dem Garten, aber wenn sie die Nachtigall zu hören bekamen, sagten sie alle zusammen: ›Das ist doch das Schönste!‹«

Im Oktober 1843 besucht Hans Christian Andersen das Abschlußfest der ersten Saison im *Tivoli (45)*. In seinen Tagebüchern vermerkt er noch am selben Abend: »Im Tivoli – Carstensens Abend – begann das chinesische Märchen.« Zwei Tage später hatte er das »chinesische Märchen« *Die Nachtigall* beendet.

Ein Jahr zuvor hatte der Bauunternehmer und Journalist Georg Carstensen die Erlaubnis erhalten, auf dem Festungsgelände vor dem Westtor einen Vergnügungspark anzulegen, in dem man sich ohne jegliche Standesunterschiede amüsieren konnte. Beabsichtigt war in unmittelbarer Nähe der Hauptstadt der »Menge passende Zerstreuung zu verschaffen und zugleich alles Unedle und Entwürdigende fernzuhalten«. Carstensens Konzept hatte Erfolg. »Als in diesem Jahre eine Aktiengesellschaft einen neuen Vergnügungsort: Tivoli, vor dem Westerthore erbaute, war der Andrang der Besuchenden so groß, daß zuweilen Lebensgefahr und Aufruhr entstand, die Gesellschaft aber außerordentliche Geschäfte machte«, berichtet Theodor Mügge über den Eröffnungstag im August 1843, an dem über 3.600 Menschen in den neuen Park drängten. Und bald schon folgten »die Reisenden aus allen Ländern der Welt«, um wie der deutsche Besucher Adolf Strodtmann 1870 den Garten und seine Attraktionen zu bewundern:

»Ein Etablissement wie das Tivoli existiert in keiner anderen Stadt der Welt; selbst der Wiener Prater kann sich nicht mit der feenhaften Pracht dieses nordischen Vergnügungsortes messen. Ein herrlicher Park mit schattigen Baumgängen und Alleen, die abends durch Tausende bunter Lampen erhellt werden, -Blumenbeete, deren seltener Flor von oben durch Gasflammen ein magisches Licht empfängt, – eine aus dem Wasser emporsteigende Insel, die man in der Gondel umrudern kann, – ein glänzender orientalischer Kaufbazar, – ein in dem selben maurischen Stile errichteter Koncertpavillion, – Kunstreiter- und Seiltänzervorstellungen im Freien und im geschlossenen Cirkus, – Jongleurspiele, Ballett und Harlekins-Pantomimen in dem offenen Sommertheater, – freier Tanz auf gedieltem Estrich unter den Bäumen, – Rutschbahn, Karoussel, Wachsfigurenkabinett, Schießbahnen, – schwedische Sänger und Sängerinnen in den Restaurations-Pavillons, – Feuerwerk und bengalische Beleuchtung des statuengeschmückten venetianischen Palastes am Wasser – Herz, was verlangst du mehr?«

Wie in der *Nachtigall* konnten zu Andersens Zeit »die großen Schiffe« im Tivoli tatsächlich noch »bis unter die Zweige heranfahren«. Der See in der Mitte des Parks war als Teil des alten Wallgrabens mit dem Hafen durch ein Kanalsystem verbunden, das erst gegen Ende des 19. Jahrhunderts aufgefüllt wurde. Auf dem so gewonnenen Gelände am heutigen Dantes Plands ließ der Brauer Carl Jacobsen, der kunstsinnige Sohn des Gründers der Carlsberg-Brauerei, 1892 die *Ny Carlsberg Glyptothek* (46) als Museum für seine Sammlungen antiker und zeitgenössischer Kunst bauen.

»Ich nannte die Sammlung *Glyptothek*,« so Jacobsen über sein Museum, »um deutlich werden zu lassen, daß es sich nicht um ein Museum mit der Forderung nach wissenschaftlicher Ordnung und Vollständigkeit handelt, in dem sich die Kunstwerke fremd gegenüberstehen und frieren. Nein, es sollte ein Gebäude sein, ›wo Marmorbilder stehen und sehen Dir an‹ (Deutsch im Original), wo die Statuen sich in Festlichkeit und Harmonie zeigen, um das Leben für die Lebenden zu verschönern.« Andersen hat die Glyptothek, die inzwischen größte Kunstsammlung Skandinaviens, nicht mehr erlebt, doch der nächtliche Museumsbesuch, von dem er in seinem Märchen *Das Bronzeschwein* erzählt, könnte auch in Jacobsens Museum mit dem märchenhaften Wintergarten unter der großen Glaskuppel stattgefunden haben:

»Sie traten in eine lange Galerie. Er kannte sie wohl, denn er war schon früher hier gewesen. An den Wänden prangten Gemälde, Statuen und Büsten standen umher, alles war herrlich beleuchtet, als ob es heller Tag wäre. Am prächtigsten jedoch war es, als sich die Tür zu einem Nebenzimmer öffnete. Ja, diese Herrlichkeit erkannte der Kleine wohl wieder. Doch in dieser Nacht prangte alles in seinem schönsten Glanze.

Hier stand eine wunderschöne nackte Frau, so herrlich, wie nur die Natur und der größte Meister des Marmors sie formen konnten. Sie bewegte die anmutigen Glieder, Delphine schnellten zu ihren Füßen empor, und die Unsterblichkeit leuchtete aus ihren Augen. Die Welt nannte sie die Mediceische Venus. Ihr zur Seite prangten Marmorbilder, in welchen des Geistes Kraft den Stein bezwungen hatte, nackte, herrliche Männergestalten.

Welche Pracht und Schönheit in jedem der Säle! und der Kleine sah alles. Das Bronzeschwein ging ja Schritt für Schritt durch all die Herrlichkeit. Ein Anblick verdrängte den anderen.«

VESTERBRO UND FREDERIKSBERG-HAVE

Am Westertor wurde eine Säule errichtet, wie viele in der Welt gibt es wohl wie diese! Die Sonnenstrahlen küßten den Stein, den Sockel der *Freiheitssäule* (47). Alle Kirchenglocken läuteten, die Fahnen wehten; das Volk jubelte dem Kronprinzen Friedrich zu. Mit strahlenden Augen und dankerfüllten Herzen lesen sie die schöne Inschrift der Säule.

›Der König gebot, die Erbuntertänigkeit soll aufgehoben werden, den Gesetzen des Landbaus soll Ordnung und Kraft gegeben werden, daß der freie Bauer kühn und aufgeklärt, fleißig und gut, ehrenhafter Bürger und glücklich werden kann!‹«

Die im *Bilderbuch des Paten* beschriebene Freiheitssäule steht direkt vor dem Hauptbahnhof auf der Vesterbrogade. Zur Erinnerung an die Reformen, die zur Abschaffung der Leibeigenschaft in Dänemark führten, wurde der Obelisk 1797 vor den Wällen in Vesterbro errichtet.

Vesterbro, zu dieser Zeit noch ein Dorf mit Bockmühlen, Feldern und Gärten, wuchs – wie die übrigen »Brücken-Viertel« Nørrebro und Østerbro auch – erst nach dem Fall der Wälle in der zweiten

Hälfte des 19. Jahrhunderts mit der Innenstadt zusammen. Im Zuge der industriellen Revolution wurden die Schlachthöfe Kopenhagens nach Vesterbro verlagert, Mietskasernen entstanden, und hinter dem Bahnhof entwickelte sich das Rotlichtviertel der Stadt. Es blieb nicht lange bei nur zweiundzwanzig Bierzapfern, die in einem Dokument von 1749 für »Vesterby«, die Weststadt, erwähnt werden.

1847 wird Kopenhagen an das Eisenbahnnetz angeschlossen und der erste Bahnhof an der Stelle des jetzigen *Hauptbahnhofs* (48) an der Vesterbrogade eingeweiht. »Die Eisenbahn geht von Kopenhagen bis Korsör; das ist ein Stück der Perlenschnur, von der Europa einen Reichtum hat; die kostbarsten Perlen heißen Paris, London, Wien, Neapel-; doch mancher bezeichnet diese großen Städte nicht als die schönsten Perlen, sondern weist dagegen auf eine kleine unbemerkte Stadt hin, die seine geliebte Heimat ist, wo seine Lieben wohnen, ja, oft ist es nur ein einzelner Hof, ein kleines Haus, verborgen zwischen grünen Hecken, ein Punkt, der dahinfliegt, während der Zug vorüberjagt.«

Begeistert von der neuen und bequemen Möglichkeit des Reisens schildert Andersen seine erste Eisenbahnreise: »Ich will nicht leugnen, daß ich vorher ein Gefühl hatte, das ich Eisenbahn-Fieber nennen möchte, und dies war an seinem höchsten

Punkt angelangt, als ich in das großartige Gebäude eintrat, aus dem die Wagenreihe hinausfährt. Hier war ein Gedränge von Reisenden, ein Rennen mit Koffern und Reisesäcken, ein Sausen und Schnurren von Maschinen, aus denen der Dampf herausquoll. Man weiß das erste Mal nicht so recht, wo man es wagen kann sich hinzustellen, damit nicht ein Wagen oder ein Dampfkessel oder eine Kiste mit Frachtgut auf einen herunterfliegen soll; allerdings steht man sicher auf einem hervorspringenden Balkon, die Wagen, in die man hinein muß, liegen in einer Reihe dicht an ihm entlang, wie die Gondeln am Kai, aber unten auf dem Hofe kreuzen sich die Eisenbahnschienen wie Zauberbänder, und es sind Zauberbänder, die die menschliche Gewitztheit ausgeworfen hat; an diese müssen sich unsere magischen Wagen halten, geraten sie außerhalb des Zauberbandes, ja, dann geht es um Kopf und Kragen. Ich starrte diese Wagen an, Lokomotiven, lose Karren, wandernde Schornsteine und Gott weiß was alles, sie liegen wie in einer Zauberwelt alle durcheinander; alles schien Beine zu haben! und nun dieser Dampf und dies Zischen, verbunden mit dem Gedränge, um Platz zu bekommen, dieser Gestank von Talk, der taktfeste Gang der Maschinen und das Pfeifen und Schnaufen des abgelassenen Dampfes vestärkte den Eindruck, und man ist, wie gesagt, zum ersten Male hier, dann denkt man, daß man umkippt, Arme und Beine bricht, in die Luft fliegt oder zermalmt wird, weil man mit einer anderen Wagenreihe zusammenstößt; aber ich glaube, das denkt man nur beim erstenmal ...«

Auf dem Weg vom Hauptbahnhof zum Frederiksberg Have lohnt ein Besuch in *Københavns Bymuseum* (49), dem Kopenhagener Stadtmuseum an der Vesterbrogade. Die Ausstellung in dem 1782 für die Königliche Schützengesellschaft gebauten Gebäude führt durch die politische, soziale und städtebauliche Geschichte Kopenhagens vom Mittelalter bis in die Gegenwart. Mit dem Søren Kierkegaard-Kabinett und einem großflächigen Modell der Stadt zu Beginn des 19. Jahrhunderts bildet die Zeit Andersens einen Schwerpunkt des Museums.

»In der Nähe des Hügels, wo das Schloß Friedrichs VI. liegt, das Heim von Oehlenschlaegers Kindheit, schimmert im Schutz des Waldgrundes von Söndermarken eine dieser Perlen, die man ›Philemon und Baucis' Hütte‹ nennt, das heißt: das Heim zweier liebeswürdiger Alter. Hier wohnte Rahbek mit seiner Frau Kamma; hier, unter ihrem gastfreien Dache, versammelten sich ein Menschenalter lang alle Tüchtigen des Geistes aus dem geschäftigen Kopenhagen, hier war ein Heim des Geistes«, schildert Andersen das unmittelbar neben der Carlsberg-Brauerei in der Rahbeks Allé gelegene *Bakkehus* (50). In der ersten Hälfte des 19. Jahrhunderts entwickelte sich das Anwesen des Schriftstellers

Knud Lyhne Rahbek und seiner Frau Kamma zu einem beliebten Treffpunkt dänischer Schriftsteller und Intellektueller. Bis heute wird das Andenken an dieses »Heim des Geistes« in der weitgehend original erhaltenen Wohnung der Rahbeks, einem kleinen kulturhistorischen Museum des »Goldenen Zeitalters«, liebevoll gepflegt.

Der junge Hans Christian Andersen wird schon bald nach seiner Ankunft in Kopenhagen in das Haus der Rahbeks eingeführt:

»Die Witwe des berühmten dänischen Staatsmannes Christian Colbjörnsen und ihre Töchter waren die beiden ersten Damen von höherem Stande, die sich des armen Knaben herzlich annahmen, die mich mit Teilnahme anhörten und mich oft sahen. Frau von Colbjörnsen wohnte im Sommer auf Bakkehus, wo auch der Dichter Rahbek und seine interessante Gemahlin lebten; Rahbek sprach nie mit mir, aber seine lebhafte und freundliche Frau unterhielt sich mit mir öfters. Ich hatte damals wieder angefangen ein Trauerspiel zu schreiben, welches ich ihr vorlas; gleich bei den ersten Szenen rief sie aus: ›Aber da sind ja ganze Stellen, die sie aus Oehlenschlaeger und Ingermann ausgeschrieben haben‹. ›Ja, aber die sind so schön‹, erwiderte ich in meiner Unschuld und las weiter. Eines Tages, als ich von ihr zu Frau von Colbjörnsen hinaufgehen wollte, reichte sie mir eine Handvoll Rosen und sagte: ›Wollen Sie die mit hinaufnehmen, es wird sie sicher freuen, sie aus der Hand eines Dichters zu empfangen.‹ Es war halb im Scherz, daß diese Worte gesagt wurden, aber es war das erstemal, daß jemand den Dichternamen mit dem meinigen in Verbindung brachte; es ging mir durch Blut und Seele, und mir traten die Tränen in die Augen. Ich weiß, daß von diesem Augenblick an mein Sinn für das Schreiben und Dichten geweckt worden war.«

Von der Rahbeks Allé und Bakkehus ist es nur ein kurzer Spaziergang hinauf zum *Schloß Frederiksberg* und dem *Frederiksberg Have* (51) auf der »Anhöhe bei Friedrichsberg«, von der aus Andersen 1819 zum erstenmal Kopenhagen sah.

»In den zwei Jahren, seitdem ich nach Kopenhagen gekommen, war ich nicht in der freien Natur gewesen, nur ein einziges Mal war ich nach dem Tiergarten gegangen, und hier hatte ich mich völlig in die Beschauung des Volkslebens und seines bunten Getümmels vertieft. Im dritten Jahre kam ich zum erstenmal an einem Frühlingsmorgen in das Grüne; das war im Friedrichsberger Garten, dem Sommeraufenthalt Friedrich des Sechsten. Ich stand plötzlich unter den ersten großen knospenden Buchen, die Sonne machte die Blätter durchsichtig, da war ein Duft, eine Frische, die Vögel sangen – ich wurde davon überwältigt, jubelte laut und schlang meine Arme um einen der Bäume und küßte ihn. ›Ist er toll?‹ sagte ein Mann dicht neben mir; es war einer der Schloßbedienten. Ich lief erschrocken davon und ging dann besonnen und ruhig zur Stadt zurück.«

Adam Oehlenschlaeger, der von Andersen verehrte und zu seiner Zeit auch in Deutschland geschätzte Dichter, verbrachte als Sohn des Schloßverwalters seine Kindheit in dem 1699 angelegten Schloß. In seinen Lebenserinnerungen beschreibt er den Park und seine Bauwerke: »Das Lustschloß Friedrichsberg liegt auf einem anmuthigen Hügel, wovon man die schönste Aussicht über Kopenhagen, über das Meer und über die Insel Amack hat. Der König Friedrich der Vierte ließ es, nach seiner Zurückkunft aus Italien, wie das Schloß Frascati erbauen, und Christian der Sechste hat es mit Seitengebäuden und Bogengängen versehen. Die große Heerstraße geht dicht vorbei; jenseits liegt das Süderfeld, ein kleiner Wald am Abhange des Hügels, welcher schon in meiner Kindheit zu einem schönen englischen Park eingerichtet war. Der Garten unter dem Berge, jetzt auch ein Park, war in meiner Kindheit noch im steifen französischen Geschmacke, mit geschorenen Hecken, Springbrunnen und Taxuspyramiden. So hatte ich ein großes Bild englischer Natur und französischer Regelmäßigkeit vor Augen; und mitten drin das italienische Schloß voll schöner Gemächer und Gemälde. – Unsere Lebensart im Sommer und im Winter war eben so verschieden wie die Natur. Im Sommer wimmelte es bei uns vor Menschen, von schönen geputzten Damen. Der ganze Hof war da; die schönste Tafelmusik konnten wir Kinder hören, wir konnten durch die Thüre die königliche Familie bei der Tafel sitzen sehen. Janitscharenmusik war draußen des Sonntags Nachmittag und Volksgewimmel im Garten.

Da besuchte man das norwegische Haus, wo die große Natur im Kleinen täuschend ähnlich nachgemacht war; den Eremiten in seiner Klause, die Grotte mit Krystallen und Erzen wie in einer Feenwohnung; das chinesische Haus, mit bunten Bildern von Mandarinen und Frauenzimmern, und oben am Dache Glocken, die sich im Winde bewegten und klangen.«

CHRISTIANSHAVN UND AMAGER

Wiederum war es König Christian IV., der 1617 den Plan faßte, die Stadt um eine weitere Bastion zu vergrößern und die Kopenhagen vorgelagerte Insel Amager für einen neuen Stadtteil zu nutzen. *Christianshavn* (52) sollte für zusätzlichen Schutz der Stadt, vor allem gegen die Schweden, sorgen und ihrer Versorgung dienen. Nach holländischem Vorbild wurde das Terrain durch ein Kanalsystem trockengelegt, und auf Wunsch des Königs Kaufleute, Handwerker und Bauern aus den Niederlanden nach Dänemark eingeladen. Unter Zusage achtjähriger Steuerfreiheit erhielten sie zur Ansiedlung »eine bequeme Stelle auf unserem kleinen Land Amager, das unserer Stadt Kopenhagen zu allernächst liegt«. Die von Christian IV. angesiedelten Niederländer trafen auf verwandte Bräuche. Bereits im 13. Jahrhundert hatten sich die ersten holländischen Einwanderer auf Amager niedergelassen und das Fischerdorf *Dragør* (53) gegründet, das wegen seines Privilegs, Heringe pökeln zu dürfen, während der Hansezeit für die Versorgung der Seefahrt eine wichtige Rolle spielte. Über die Nachfahren der holländischen Siedler, deren Baustil sich in den denkmalgeschützten Häusern Dragørs bis heute erhalten hat, berichtet Johann Friedrich Ludwig Hausmann 1811:

»Unter dem Volke, welches sich auf den Straßen von Kopenhagen drängt, zeichnet sich eine Klasse durch völlig abweichende Kleidung und Sprache aus. Es sind die Amacker, Holländische Kolonisten, welche die kleine, dicht neben der Stadt gelegene und mit ihr durch eine Brücke verbundene Insel Amack bewohnen, welche für Kopenhagen ist, was die Vier-Landen für Hamburg sind. Die Tracht der Amacker ist noch ganz die der holländischen Bauern, und besonders für die Weiber durch eine gar seltsame Kopfbedeckung ausgezeichnet. Ihre Sprache ist ein Mittelding zwischen Holländisch und Dänisch. Ihr Gewerbe besteht in Gärtnerei und Viehzucht, mit deren trefflichen Produkten sie die benachbarte Stadt versorgen.«

Christianshavn und Amager kannte Hans Christian Andersen gut. Nach deprimierenden Schulerfahrungen in Slagelse und Helsingør wurde er durch den cand. theol. Ludvig Christian Müller, dem Jonas Collin 15 Reichstaler monatlich für den Unterricht zahlte, auf das Abitur vorbereitet. Müller wohnte in der Torvegade in Christianshavn. Zweimal am Tag mußte Andersen den Fußmarsch von Kopenhagen nach Amager zu seinem Lehrer in Christianshavn absolvieren – so entstand die Idee zu seinem ersten Buch, der Phantasie »Fußreise vom Holmens Kanal zur Ostspitze von Amager«, die in Deutschland unter dem Titel *Spaziergang in der Sylvesternacht* erschien:

»Ohne lange Einleitung fragte ich mich, ob ich über die Knippelsbrücke oder die Langebrücke gehen wollte.« Andersens Held entscheidet sich für die Langebro und trifft dort auf Sankt Peter: »›Damit Sie sehen können, was es möglicherweise auf dem flachen Amager zu bestaunen gibt: so nehmen Sie diese Brille und behalten sie zum Andenken an diese Stunde.‹

Damit gab er mir eine große Brille und zog einen silbernen Schlüssel hervor, mit dem er ganz leise das Tor öffnete, durch das ich hinausgelangte.

Hohe mächtige Gefühle durchströmten mich. Ja, ich glaube, ich war ebenso andächtig wie die meisten, die Ägyptens Pyramiden betrachten. Das Amagertor ist das poetischste aller Stadttore. Die Fliegende Post hat es das idyllische Tor genannt, ich aber will es lieber die Pforte des Lebens und des Todes nennen. Es ist das große Tor, durch welches das unschuldige Amagermädchen zum erstenmal aus seinem Arkadien in die brodelnde Hauptstadt gelangt. Unter diesem Gewölbe ist die alte Amagerbäuerin einst als Kind gewandert, klopfenden Herzens all die Herrlichkeiten erwartend, die sie bald mit Vater und Mutter sehen würde. Mit wie ganz anderen Gefühlen aber rollt der Sünder zum letztenmal zum Tor hinaus. Mit welchem Blick mag er diese Mauern betrachten? Es muß ein recht sonderbares Gefühl sein, mit dem er die Gegenstände ringsherum auffaßt. Wie furchtbar, diese Menschenmenge in den Straßen zu sehen und zu wissen: wenn alle diese in wenigen Minuten zurückkehren, so ist man tot, herausgerissen aus der menschlichen Gesellschaft.

Nach dem Aufenthalt am Tor streckte ich mich mit zehn langen Schritten über alle Brücken und Pflastersteine weg, ich sah nur flüchtig, wie alle Kopenhagener Dummheiten des alten Jahres auf die Brückenwaage kamen, ehe sie hinausfuhren in ewige Vergessenheit: – Schnürbrüste und orthodoxes Christentum, Luxusartikel und Lotterienieten, alles durcheinander.

Aber was war das für ein Vergnügen, diese alten Klamotten zu sehn! Schnurstracks eilte ich weiter, und endlich lag denn der große herrliche Tummelplatz der Phantasie, das flache Amager, vor mir.

Ich sah mich um. Die Umgebung schien mir recht naiv. Alles lag so unschuldig, so köstlich gänseweiß da.«

Um das Hafengebiet Kopenhagens, die Packhäuser von Christianshavn und »das flache Amager zu bestaunen«, bedurfte es allerdings bereits zu Andersens Zeit nicht unbedingt der Brille von Sankt Peter. Wesentlich geeigneter ist der Turm der *Vor Frelsers Kirke* (54), der Erlöserkirche in der Sankt Annæ Gade. Gut 150 Stufen hoch führt der Schnekkengang der Kirche außen um den Turm herum bis hinauf zur Goldkugel unter der Christus-Figur. Allerdings ist es ratsam, mit dem Aufstieg nur zu beginnen, wenn man weitgehend schwindelfrei ist. Durchaus denkbar, daß der eher ängstliche Hans Christian Andersen, der in seinem Reisegepäck immer ein Seil mitführte, um sich im Notfall aus seinen Hotelzimmern abseilen zu können, eine Turmbesteigung aus Furcht vor Übelkeit oder Unwohlsein nicht gewagt hat. Immerhin setzt Jules Verne in seiner 1872 erschienenen *Reise zum Mittelpunkt der Erde* den Turm der Erlöserkirche als probates Mittel zur Therapie des Schwindelgefühls bei Professor Lidenbrocks Neffen Axel ein:

»Nachdem wir durch einige enge Straßen gegangen waren, in denen Galeerensträflinge in gelbgestreiften Hosen, von den Aufsehern mit dem Stock angetrieben, arbeiteten, gelangten wir zur Vor-Frelsers-Kirke. Diese Kirche bietet nichts Besonderes, aber ihr ziemlich hoher Glockenturm zog die Aufmerksamkeit des Professors darum an, weil sich von der Plattform aus außen eine Wendeltreppe hinaufwindet.

›Steigen wir hinauf‹, sagte mein Onkel.

›Aber da wird man doch schwindlig‹, antwortete ich.

›Ein Grund mehr, es zu tun. Man muß sich daran gewöhnen.‹

›Aber ...‹

›Komm. Verlieren wir keine Zeit.‹

Ich mußte gehorchen. Der Küster, der auf der anderen Seite der Straße wohnte, gab uns einen Schlüssel, und der Aufstieg begann.

Mein Onkel ging mit munterem Schritt voran. Ich folgte ihm nicht ohne Angst, denn ich wurde immer leicht schwindelig.

Solange wir auf der inneren Wendeltreppe waren, ging alles gut, aber nach hundertfünfzig Stufen schlug mir die Luft ins Gesicht. Wir waren nämlich auf der Plattform des Glockenturms angelangt, und von hier führte die Treppe im Freien weiter. Sie hatte nur ein schwaches Geländer, und die immer schmäler werdenden Stufen schienen in den Himmel zu führen.

›Das kann ich niemals‹, rief ich.

›Solltest Du etwa eine Memme sein? Weiter!‹ erwiderte unbarmherzig der Professor.

Da ich ihm folgen mußte, klammerte ich mich an das Geländer. In den Windstößen schwanden mir fast die Sinne. Ich spürte, wie der Turm schwankte. Die Beine versagten mir den Dienst. Ich kletterte auf den Knien und kroch dann auf dem Bauch weiter. Ich schloß die Augen. Mir wurde himmelangst.

Schließlich faßte mich mein Onkel am Kragen, und so kam ich bei der Kugel an.

›Sieh jetzt hinunter‹, sagte er. ›Du mußt lernen, in Abgründe zu sehen.‹

Ich schlug die Augen auf. Ich sah in einem Rauchnebel die Häuser wie von einer Lawine plattgedrückt. Über meinem Kopf zogen zerzauste Wolken vorüber. Durch eine optische Täuschung schienen sie mir unbeweglich, während der Turm, die Kugel, ich und mein Onkel in rasender Geschwindigkeit fortgerissen wurden. In der Ferne erstreckten sich auf der einen Seite grüne Felder, auf der anderen glitzerte das von der Sonne beschienene Meer. Der Sund breitete sich bis zur Spitze von Helsingör aus. Man sah ein paar weiße Segel wie Möwenflügel und im Osten undeutlich im Nebel die Küste Schwedens. Das alles wirbelte vor meinen Augen. Dennoch mußte ich aufstehen, mich aufrecht halten und alles betrachten. Meine erste Antischwindellektion dauerte eine Stunde.

Als ich endlich wieder hinuntersteigen und den Fuß auf das Straßenpflaster setzen durfte, war ich wie gerädert.

›Morgen wiederholen wir die Lektion‹, sagte mein Lehrer.

Und wirklich, fünf Tage lang wiederholte ich diese Antischwindelübung und machte ohne mein Zutun sichtbare Fortschritte in der Kunst, von großer Höhe in die Tiefe zu blicken.«

DAS KASTELL UND DIE KLEINE MEERJUNGFRAU

Als die Schweden 1659 nach halbjähriger erfolgloser Belagerung Kopenhagens abzogen, stand für die Militärs der dänischen Hauptstadt fest, daß jetzt erst recht zusätzliche Befestigungen der Stadt und des Hafens notwendig seien. Drei Jahre später wurde begonnen, eine Anfang des 17. Jahrhunderts direkt am Øresund angelegte Fortifikation zur »Citadelle Frederikshavn« zu erweitern. Mit dem *Kastell* (55) entstand die letzte erhaltene Wallbastion Kopenhagens, eine von Schutzgräben umgebene, intakte Festung mit Offiziersunterkünften, Mannschaftsbaracken, Versorgungsgebäuden, Garnisonskirche und Arrest. Nach dem Überfall Dänemarks 1940 wurde die Anlage sofort von der deutschen Wehrmacht besetzt und vereinnahmt – nicht ohne Grund liegt Frihedsmuseet, das Museum des dänischen Widerstands gegen den Nationalsozialismus, in unmittelbarer Nähe des Kastells. Vom dänischen Militär wird das Kastell noch immer als Kaserne genutzt, doch zum Glück wird man bei einem Spaziergang zwischen den alten Gebäuden, die sorgfältig in dem ursprünglichen roten Farbton von 1633 restauriert wurden, kaum von militärischer Präsenz behelligt.

Seit 1725 diente das Kastell vornehmlich als Staatsgefängnis. Zu diesem Zweck wurden Garnisonskirche und Arrestgebäude miteinander verbunden, so daß die Gefangenen am Gottesdienst teilnehmen konnten, ohne ihre Zellen verlassen zu müssen. Durch Hör- und Gucklöcher (die in der Kirche noch immer zu besichtigen sind) verfolgten die Häftlinge den Gottesdienst. Hans Christian Andersen erzählt von der düsteren Atmosphäre der heute so idyllisch anmutenden Zitadelle, in der prominente Häftlinge wie der 1772 nach einem Komplott hingerichtete einflußreiche und reformfreudige Politiker Johan Friedrich Struensee eingesessen haben:

Ein Bild vom Kastellwall

»Es ist Herbst, wir stehen auf dem Wall, der das Kastell umschließt und sehen über das Meer, auf die vielen Schiffe und zu der schwedischen Küste hinüber, die sich klar im Abendsonnenschein erhebt. Hinter uns fällt der Wall steil zur Tiefe ab. Dort stehen prächtige Bäume, das Laub fällt gelb von den Zweigen; unten liegen düstere Häuser mit Holzpalisaden, und innen, wo die Schildwache geht, ist es enge und finster. Aber noch dunkler ist es dort hinter dem vergitterten Loche; da sitzen gefangene Sklaven, die ärgsten Verbrecher.

Ein Strahl der niedergehenden Sonne fällt in die kahle Zelle. Die Sonne scheint auf Böse und Gute!

Der finstere, mürrische Gefangene folgt mit einem bösen Blick dem kalten Sonnenstrahl. Ein kleiner Vogel fliegt gegen das Gitter. Der Vogel singt für Böse und Gute! Er zwitschert ein kurzes ›Quivit‹, bleibt aber sitzen; er schlägt mit den Flügeln, zupft ein Federchen heraus, plustert die Halsfedern auf, und der böse Mann sieht ihm zu. Ein milderer Ausdruck geht über das häßliche Gesicht; ein Gedanke, ihm selbst nicht ganz bewußt, leuchtet in seiner Brust auf, dem Sonnenstrahl verwandt, der durch das Gitter fällt, dem Dufte der Veilchen verwandt, die im Frühling so reich blühen. Nun klingt das Waldhorn lieblich und kräftig herein. Der Vogel fliegt vom Gitter des Gefangenen fort, der Sonnenstrahl verschwindet, und es wird wieder dunkel in der Zelle, dunkel in des bösen Mannes Herzen, aber die Sonne hat doch hineingeschienen und der Vogel hineingesungen. Tönt fort, ihr schönen Klänge des Waldhorns! Der Abend ist mild, das Meer spiegelglatt und stille.«

Oberhalb des Kastells steht auf der »Löwenbastion« die *Kastell-Mühle* (56), die letzte der zahlreichen Windmühlen, mit denen die Höhe der Stadtwälle sinnvoll genutzt wurde:

»Auf dem Hügel stand eine Windmühle, stolz war sie anzusehen, und stolz fühlte sie sich auch.

›Ich bin gar nicht stolz‹, sagte sie, ›aber ich bin sehr aufgeklärt, von außen und von innen. Ich habe

Sonne und Mond zum äußeren Gebrauch und zum inneren auch, und dann habe ich außerdem noch Stearinkerze, Tranlampe und Talglicht. Ich darf sagen, daß ich aufgeklärt bin; ich bin ein denkendes Wesen und so wohlgeschaffen, daß es ein Vergnügen ist. Ich habe ein gutes Mühlwerk in der Brust, ich habe vier Flügel, die sitzen mir oben am Kopfe, gleich unter dem Hut. Die Vögel haben nur zwei Flügel und müssen sie auf dem Rücken tragen. Ich bin von Geburt Holländer, das kann man an meiner Gestalt sehen; ein fliegender Holländer, der wird zu den Übernatürlichen gerechnet, das weiß ich, und doch bin ich sehr natürlich. Ich habe eine Galerie um den Magen und eine Wohnung im Unterteil.‹«

Vom Kastell und der Mühle ist es nicht weit zur Uferpromenade Langelinie und der *Kleinen Meerjungfrau* (57). 1913 hatte der Brauer Carl Jacobsen den Bildhauer Edvard Eriksen mit der Skulptur beauftragt, die sehr bald zum Wahrzeichen der Stadt werden sollte. Verständlicherweise groß war daher der Aufruhr, als die Figur eines Morgens im Jahr 1964 enthauptet dasaß. Obwohl die Kopenhagener Mordkommission in die Ermittlungen eingeschaltet wurde, konnten weder der Originalkopf noch die Übeltäter ausfindig gemacht werden – der Kopf mußte nachgegossen werden.

Doch nicht erst seit die kleine Statue auf ihren Stein am Ufer des Øresunds gesetzt wurde, gilt Kopenhagen als Stadt der Meerweibchen. Eine Untiefe in der Hafeneinfahrt zwischen Amager und der Schloßinsel hieß seit dem Mittelalter »Havfruegrunden« (Meerfrauengrund); und noch 1623 wird »Koppenhagen« in einem topographischen Atlas des österreichischen Hofsängers Daniel Meisner als Wohnort der Sirenen beschrieben. Der dazugehörige Kupferstich zeigt gleich drei Meerfrauen, die sich zwischen den Schiffen vor den Türmen der Stadt tummeln. Carl Jacobsen allerdings hatte nur Andersens traurig-schönes Märchen von der unsterblichen Liebe der kleinen Seejungfrau zu ihrem Prinzen im Sinn, als er die Bronzefigur in Auftrag gab:

»Es wurde spät, aber die kleine Seejungfrau konnte die Augen nicht von dem Schiffe und dem schönen Prinzen wenden. Die bunten Lichter wurden gelöscht, Raketen stiegen nicht mehr in die Höhe, es ertönten auch keine Kanonenschüsse mehr; aber tief unten im Meer summte und brummte es. Inzwischen saß die kleine Seejungfrau auf dem Wasser und schaukelte auf und nieder, so daß sie in die Kajüte hineinsehen konnte. Aber das Schiff nahm stärkere Fahrt, ein Segel nach dem anderen breitete sich aus; nun gingen die Wogen höher, große Wolken zogen auf, es blitzte in der Ferne. Oh, es würde ein schreckliches Wetter geben! Darum zogen die

Matrosen die Segel ein. Das große Schiff schaukelte in fliegender Fahrt auf der wilden See. Das Wasser erhob sich wie große schwarze Berge, die über die Masten rollen wollten, aber das Schiff tauchte einem Schwane gleich zwischen den hohen Wogen nieder und ließ sich wieder auf die hochgetürmten Wasser heben. Der kleinen Seejungfrau schien es gerade eine recht lustige Fahrt zu sein, aber so erschien es den Seeleuten nicht; das Schiff knackte und krachte, die dicken Planken bogen sich bei den starken Stößen, die See stürzte in das Schiff hinein, der Mast brach mittendurch, gerade als ob er ein Rohr wäre, und das Schiff legte sich auf die Seite, während das Wasser in den Raum hineindrang. Nun sah die kleine Seejungfrau, daß sie in Gefahr waren; sie mußte sich selbst vor Planken und Stücken vom Schiff, die auf dem Wasser trieben, in acht nehmen. Einen Augenblick war es so stockfinster, daß sie nicht das mindeste erblicken konnte, aber wenn es blitzte, wurde es wieder so hell, daß sie alle auf dem Schiff erkannte; jeder tummelte sich, so gut er konnte. Besonders suchte sie den jungen Prinzen, und sie sah ihn, als das Schiff sich teilte, in das tiefe Meer versinken. Sogleich wurde sie ganz vergnügt, denn nun kam er zu ihr hinunter. Aber dann dachte sie daran, daß die Menschen nicht im Wasser leben können und daß er nicht anders als tot zum Schlosse ihres Vaters hinunterkommen konnte. Nein, sterben durfte er nicht; darum schwamm sie hin zwischen Balken und Planken, die auf der See trieben, und vergaß völlig, daß diese sie hätten zerdrücken können. Sie tauchte tief unter das Wasser und stieg wieder zwischen den Wogen empor und kam zuletzt so zu dem jungen Prinzen, der kaum noch länger in der stürmischen See schwimmen konnte. Seine Arme und Beine begannen zu ermatten; die schönen Augen schlossen sich. Er hätte sterben müssen, wäre die kleine Seejungfrau nicht hinzugekommen. Sie hielt seinen Kopf über das Wasser und ließ sich dann mit ihm von den Wogen treiben, wohin sie wollten.

Am Morgen war das böse Wetter vorbei, von dem Schiffe war kein Span mehr zu sehen, die Sonne stieg so rot und glänzend aus dem Wasser empor, es war, als ob des Prinzen Wangen dadurch Leben erhielten, aber die Augen blieben geschlossen. Die Seejungfrau küßte seine hohe, schöne Stirn und strich sein nasses Haar zurück. Es schien ihr, als gleiche er der Marmorstatue in ihrem kleinen Garten; sie küßte ihn wieder und wünschte, daß er doch leben möchte.«

ASSISTENS KIRKEGÅRD

Die Pest wütete in Kopenhagen, es war im Jahre 1711. Die Königin von Dänemark zog in ihre deutsche Heimat, der König verließ des Reiches Hauptstadt, jeder der konnte, eilte von dannen. Die Studenten, selbst wenn sie freie Wohnung und Kost hatten, machten, daß sie aus der Stadt kamen. Einer von ihnen, der letzte, der noch auf dem sogenannten ›Borchs Kollegium‹, dicht bei der Studentenburse Regensen, geblieben war, zog nun auch fort. Es war zwei Uhr morgens; er kam mit seinem Ranzen daher, der mehr mit Büchern und geschriebenen Sachen als mit Kleidungsstücken gefüllt war. Ein feuchter Nebel hing über der Stadt, kein Mensch war auf der ganzen Straße zu sehen, die er entlangging; ringsum waren Kreuze an Türen und Tore gemalt, dort drinnen herrschte die Seuche, oder die Leute waren gestorben. Auch in der breiteren, gebogenen ›Ködmangergade‹, wie die Straße hieß, die vom Runden Turm zum Königsschloß führte, war kein Mensch zu sehen. Nun rumpelte ein großer Leichenwagen vorbei; der Kutscher schwang die Peitsche, die Pferde fuhren im Galopp, der Wagen war mit Toten beladen. Der junge Student hielt die Hand vor das Gesicht und roch an dem starken Spiritus, den er auf einem

Schwamm in einer Messingbüchse hatte. Aus einer Kneipe in einer der Gassen schallten lärmender Gesang und unheimliches Gelächter heraus, es waren Leute, welche die Nacht durchzechten, um zu vergessen, daß die Seuche vor der Tür stand und sie mit auf den Leichenwagen zu den anderen Toten heben wollte. Der Student steuerte auf die Schloßbrücke zu; dort lagen ein paar kleine Schiffe; eines lichtete den Anker, um aus der verseuchten Stadt fortzukommen.«

Es war die orientalische Beulenpest, die in den Jahren 1711 und 1712 in Kopenhagen grassierte. In knapp zwei Jahren fielen ihr rund 22.000 Bewohner der Stadt zum Opfer. Allein für das erste Jahr verzeichnet die Kirchenchronik der Vor Frue Kirke über 800 Fuhren mit Pesttoten. Längst nicht alle konnten auf dem Friedhof der Kirche begraben werden, es kam zu »kleinen Bergen« mit Leichen. In *Hühnergretes Familie* kann der Student Kopenhagen noch rechtzeitig verlassen, in der Stadt standen die Überlebenden jedoch vor dem Problem, daß auf den Kirchfriedhöfen viel zu wenig Platz war, obwohl zum Teil bis zu fünf Särge übereinander gelegt wurden. Zur Beerdigung der Armen wurde die Anlage von Hilfsfriedhöfen außerhalb der Wälle beschlossen.

Der letzte dieser Hilfsfriedhöfe war der 1757 vor Nørrebro eingerichtete *Assistens Kirkegård* (58), der wegen seiner parkähnlichen Anlage allerdings sehr bald zu einer begehrten letzten Ruhestätte bekannter Kopenhagener Bürger und zu einem populären Ausflugsziel der Kopenhagener Bevölkerung wurde.

Obwohl der Weg zum Assistens-Friedhof eher beschwerlich war – erst in den sechziger Jahren des letzten Jahrhunderts wurde die Nørrebrogade gepflastert – machte man »am Sonntag einen Spaziergang aus dem Tor heraus nach dem Kirchhofe, las die Grabinschriften, setzte sich ins Gras, aß aus seinem mitgenommenem Korbe und trank einen Schnaps dazu«. Und Andersen »erzählt von einer englischen Familie, welche in Kopenhagen auf der Reise nach Petersburg vom Dampfschiff aus einige Stunden an Land ging, in einen Wagen stieg und dem Kutscher zurief: ›Fahre uns dahin, wo irgend etwas schönes zu sehen ist‹; und das Schönste, wovon der Kutscher wußte, waren nicht die Bildergalerien und Museen, nein, es war der Assistens-Kirchhof. Dort hinaus fuhr die englische Familie, und dieselbe soll von dem Kirchhofe so entzückt gewesen sein, daß sie das Gelübde tat, wiederzukommen, um sich hier begraben zu lassen! So hat es wenigstens der Kutscher erzählt, und Nils war ganz derselben Ansicht wie dieser und die englische Familie. Es sei der schönste Ort der Welt, meinte er und wünschte, dort mit seinem Vater unter den schönen Bäumen, wo die Vögel singen, wo die Mauern mit Bildern prangen, wo die Gräber mit Monumenten, Blumen und Kränzen stehen, verweilen zu können. Es war hier so festlich, so anmutig …«

Hans Christian Andersen stirbt am Mittwoch, den 4. August 1875, der behandelnde Arzt konstatiert als Todesursache Leberkrebs. Am 11. August 1875 fand die Trauerfeier unter Teilnahme des Königs und des Kronprinzen in der Frauenkirche statt. Es war eine der größten Beerdigungen, die je in Kopenhagen stattgefunden hatte, Zehntausende folgten dem Leichenzug. »Unter den schönen Bäumen« des Assistens Kirkegård wird Hans Christian Andersen in der Familiengrabstätte der Collins in der Abteilung P, Platznummer 513 begraben.

Fünfzig Jahre später besucht Egon Erwin Kisch den Friedhof:

»Ich gehe vorbei und schaue die Grabsteine an. Merkwürdig, ein so großes Land, dieses Dänemark, und so wenig Namen: alle Toten heißen Hansen, Nielsen, Andersen, Larsen, Sörensen, Baggesen, Nansen, Michaelis, Jacobsen, Jensen, Petersen. Aber wie viele Träger dieser spezifisch dänischen Namen haben in der Welt Klang gewonnen, wie viele besondere Assoziationen rufen diese Wald- und Wiesennamen hervor: bei ›Andersen‹ denken wir an jenen feinen Satiriker, dessen vermeintliche Märchen wir den Kindern zu lesen geben, weil die Erwachsenen sie nicht verstehen.«

ALPHABETISCHES VERZEICHNIS DER IM TEXT ERWÄHNTEN GEBÄUDE, ORTE UND PLÄTZE

- Altes Hoftheater (Theatermuseum) (19)
  Öffnungszeiten: Mittwoch 14.00–16.00 Uhr,
  Sonntag 12.00–14.00 Uhr

- Schloß Amalienborg (39)

- H.C. Andersen-Statue, Rathausplatz (8)

- Hotel d'Angleterre, Kongens Nytorv (31)

- Assistens Kirkegård (Assistenz-Friedhof), Nørrebro (58)

- Badstuestræde (16)

- Bakkehus, Rahbeks Allé 23 B (50)
  Öffnungszeiten: Mittwoch, Donnerstag, Sonnabend sowie an allen Sonn- und Feiertagen:
  11.00–15.00 Uhr

- Börse (22)

- ehemaliges Casino-Theater, Amaliegade 10 (38)

- Schloß Charlottenborg (29)
  Öffnungszeiten des Austellungsgebäudes:
  täglich 10.00–17.00 Uhr

- Schloß Christiansborg (18)
  Öffnungszeiten: Ruinen:
  Mai–Sept. tägl. 9.30–15.30 Uhr;
  Okt.–April 9.30–15.30 Uhr
  außer Montag und Sonnabend
  Königliche Empfangsräume:
  Mai–Sept. täglich außer Montag
  Okt.–April Dienstag,
  Donnerstag und Sonntag,
  Führungen jeweils
  um 11.00 und 15.00 Uhr

- Christianshavn (52)

- Collinscher Hof, Amaliegade 9 (37)

- Den gyldene Fortun, Ecke Højbro Plads/
  Fortunstræde (24)

- Domhuset (Stadtgericht), Nytorv (4)

- Dragør (53)
- Restaurant Ferrini, Kongens Nytorv (34)

- Frederiksberg Have (Friedrichsberger Garten, Schloß Frederiksberg) (51)

- Freiheitssäule, Vesterbrogade (47)

- Gammelstrand (17)

- Gammeltorv mit Caritas Brunnen (2)

- Geburtshaus Kierkegaards, Nytorv Nr.2 (5)

- Gråbrødretorv (12)

- Hauptbahnhof (48)

- Højbro Plads (23)

- Hyskenstræde (15)

- Kastell (55)
  Öffnungszeiten: täglich 6.00–22.00 Uhr

- Kastell-Mühle (56)

- Københavns Bymuseum (Stadtmuseum), Vesterbrogade 59 (49)
  Öffnungszeiten: Mai–September 10.00–16.00 Uhr,
  Oktober-April 13.00–16.00 Uhr,
  Montag geschlossen

- Königliche Porzellanfabrik, Amagertorv (14)

- Kongelige Bibliotek (Königliche Bibliothek) (21)
  Öffnungszeiten: Mo., Sa. 9.00–19.00 Uhr
  Di.–Fr. 9.00–21.00 Uhr
  So. 10.00–19.00 Uhr

- Kongelige Teater (Königliches Theater) (30)

- Kongens Have (Königlicher Garten) (43)

- Kongens Nytorv (Königlicher Neumarkt) (28)

- Kronprinsessegade (42)

- Kunstindustrimuseet (Kunstgewerbemuseum), Bredgade 68 (40)
  Öffnungszeiten: täglich 13.00–16.00 Uhr, Montag geschlossen

- Die kleine Meerjungfrau, Langelinie (57)

- Nationalmuseet (Nationalmuseum), Ny Vestergade 10 (13)
  Öffnungszeiten: täglich 10.00–17.00 Uhr, Montag geschlossen

- Nikolaj-Kirche (25)
  Öffnungszeiten: täglich 12.00–17.00 Uhr

- Ny Carlsberg Glyptothek, Dantes Plads 22 (46)
  Öffnungszeiten: 1.5.–31.8.: Di.–So. 10.00–16.00 Uhr,
  1.9.–30.4.: Di.–Sa. 12.00–15.00 Uhr,
  So. 10.00–16.00 Uhr

- Nyboder (41)

- Nyhavn (36)

- Nytorv (3)

- Østergade (27)

- Schloß Rosenborg (44)
  Öffnungszeiten: Schloß: 31.3.–31.5., 1.9.–23.10.,
  26.12.–30.12. 11.00–15.00 Uhr
  1.6.–31.8. 10.00–16.00 Uhr
  24.10.–30.3. Di., Fr., So.
  11.00–14.00 Uhr
  19.12.–25.12. geschlossen
  Schatzkammer: dto.
  24.10.–30.3. tägl. außer Montag
  11.00–15.00 Uhr

- Rundetårn (Runder Turm), Købmagergade (11)
  Öffnungszeiten: April/Mai, September/Oktober:
  werktags 10.00–17.00 Uhr
  Sonntag 12.00–16.00 Uhr
  Juni-August:
  werktags 10.00–20.00 Uhr
  Sonntag 12.00–20.00 Uhr
  November–März:
  werktags 10.00–16.00 Uhr,
  Sonntag 12.00–16.00 Uhr

- Stadtgefängnis, Slutterigade (6)

- Restaurant Stefan à Porta, Kongens Nytorv (32)

- Store Strandstræde Nr. 3 (35)

- Studiestræde Nr. 6 (9)

- Thorvaldsens Museum (20)
  Öffnungszeiten: täglich 10.00–17.00 Uhr,
  Montag Ruhetag

- Tivoli, Vesterbrogade (45)
  Öffnungszeiten: Mitte April–Mitte September
  täglich 10.00–24.00 Uhr

- Tordenskjoldsgade Nr. 17 (33)

- Vartov, Farvergade (7)

- Vestergade Nr. 18 (1)

- Vingårdstræde (26)

- Vor Frelsers Kirke (Erlöserkirche), Sankt Annæ Gade (54)
  Öffnungszeiten: 1.5.–31.5. tägl. 9.00–15.30 Uhr
  1.6.–31.8. tägl. 9.00–16.30 Uhr
  1.9.–31.10. tägl. 9.00–15.30 Uhr
  1.11.–14.3. tägl. 10.00–13.30 Uhr

- Vor Frue Kirke (Frauenkirche), Nørregade (10)
  Öffnungszeiten: werktags 9.00–17.00 Uhr,
  Sonntag 12.00–16.30 Uhr

QUELLENVERZEICHNIS

- Andersens *Märchen.* In neuer Übersetzung von L. Tronier Funder. 6 Bände. Kopenhagen, Berlin, Malmö: Gefion o.J.
  Zitiert wird aus den Märchen:
  Begraben ist nicht vergessen
  Ein Bild vom Kastellwall
  Die Blumen der kleinen Ida
  Das Bronzeschwein
  Das Feuerzeug
  Das häßliche junge Entlein
  Der Hausschlüssel
  Die Hirtin und der Schornsteinfeger
  Im Entenhof
  Das Liebespaar
  Die Nachbarfamilien
  Die Nachtigall
  Die Prinzessin auf der Erbse
  Der standhafte Zinnsoldat
  Die Teekanne
  Tante Zahnweh
  Unter dem Weidenbaum
  Von einem Fenster im Vartov
  Der Wassertropfen
  Das Wichtelmännchen und der Höker

- Hans Christian Andersen, *Märchen.* Aus dem Dänischen von Eva-Maria Blühm.
  Frankfurt: Insel 1975
  Zitiert wird aus den Märchen:
  Die alte Straßenlaterne
  Das Bilderbuch des Paten
  Die Galoschen des Glücks
  Hühnergretes Familie
  Die kleine Seejungfrau
  Ein Stück Perlenschnur
  Die Muhme
  Die Windmühle

- Hans Christian Andersens *Märchen.* Neu übertragen von Mathilde Mann. 2 Bände.
  Leipzig: Insel 1913
  Zitiert wird aus den Märchen:
  Fliedermütterchen
  Des Hagestolzen Nachtmütze

- Hans Christian Andersen, *Märchen meines Lebens ohne Dichtung.* Eine Skizze. Aus dem Dänischen von Michael Birkenbihl. Berlin: Bruno Cassirer 1914

- Hans Christian Andersen, *Nur ein Spielmann.* Mit Vorwort und Kommentar von Käte Hamburger. Stuttgarter Nachdrucke zur Literatur des 19. und 20. Jahrhunderts, herausgegeben von Hans-Dieter Mück. Stuttgart: Akademischer Verlag Hans-Dieter Heinz 1982

- Hans Christian Andersen, *Sein oder nicht sein.* Roman. In: Ausgewählte Werke. Leipzig 1880. Zitiert nach: *dtv Reise Textbuch Kopenhagen.* Ein literarischer Begleiter auf den Wegen durch die Stadt. Herausgegeben von Bernd-Rüdiger Schwesig. München: Deutscher Taschenbuch Verlag 1989

- Hans Christian Andersen, *Spaziergang in der Sylvesternacht 1828/29.* Aus dem Dänischen von Anni Carlsson. Frankfurt: Insel 1988

- Hans Christian Andersen, *Die zwei Baronessen.* Mit Vorwort und Kommentar von Käte Hamburger. Stuttgarter Nachdrucke zur Literatur des 19. und 20. Jahrhunderts, herausgegeben von Hans-Dieter Mück. Stuttgart: Akademischer Verlag Hans-Dieter Heinz 1982

- *Anekdoter og Historier om H.C. Andersen.* Samlet af Niels Andersen. København: Langkjærs Bogtrykkeri 1945

- Elias Bredsdorf, *Hans Christian Andersen.* Des Märchendichters Leben und Werk. Aus dem Englischen von Gertrud Baruch. München: Carl Hanser 1980

- R. Broby Johansen, *Med Broby i det gamle København.* 6. ajourførte udgave. København: Hamlet 1986

- *Danmarks Historie.* Under redaktion af John Dahnstrup og Hal Koch. Bind 11. Folkestyrets Fødsel 1830-1870 af Roar Skovmand. København: Politiken 1978

- Jens Fleischer, *Kopenhagen.* Kulturhistorischer Stadtführer. Deutsche Übersetzung von Paul Nawrocki. Neumünster: Wachholtz 1987

- Johannes Friedrich Ludwig Hausmann, *Reise durch Skandinavien in den Jahren 1806 und 1807.* 1. Theil. Göttingen 1811

- Friedrich Hebbel, *Tagebücher 1835-1843.* Vollständige Ausgabe in drei Bänden. Herausgegeben und mit Anmerkungen versehen von Karl Pörnbacher. München: Deutscher Taschenbuch Verlag 1984

- Carl Jacobsen, *Die Glyptothek.* Aus: Jørgen Bonde Jensen, *Carlsberg. Et københavnsk drømmebillede.* København: Tiderne Skifter 1976

- Egon Erwin Kisch, *Totenfeier in Kopenhagen.* Aus: Gesammelte Werke in Einzelausgaben Band V. Herausgegeben von Bodo Uhse und Gisela Kisch. Berlin und Weimar: Aufbau 1978

- Bente Kjølbye, *Hans Christian Andersens København.* Med fotografier af Ole Larsen. København: Høst & Søn 1992

- Heinrich Laube, *Drei Königstädte im Norden.* 2 Bände. Leipzig 1845

- Theodor Mügge, *Reise durch Skandinavien.* Skizzen aus dem Norden. 1. Bd. Hannover 1844

- Erling Nielsen, *Hans Christian Andersen.* Mit Selbstzeugnissen und Bilddokumenten. Aus dem Dänischen übertragen von Thyra Dohrenburg. Hamburg: Rowohlt 1958

- Georg Nygaard, *H.C. Andersen og København.* København: Foreningen »Fremtiden« 1938

- Adam Oehlenschlaeger, *Schriften.* Zum ersten Male gesammelt als Ausgabe letzter Hand. 1. Bändchen. Breslau 1829

- Adolf Strodtmann, *Das geistige Leben in Dänemark.* Berlin 1873

- Jules Verne, *Reise zum Mittelpunkt der Erde.* Übersetzt von Hansjürgen Wille und Barbara Klau. Zürich: Diogenes 1971

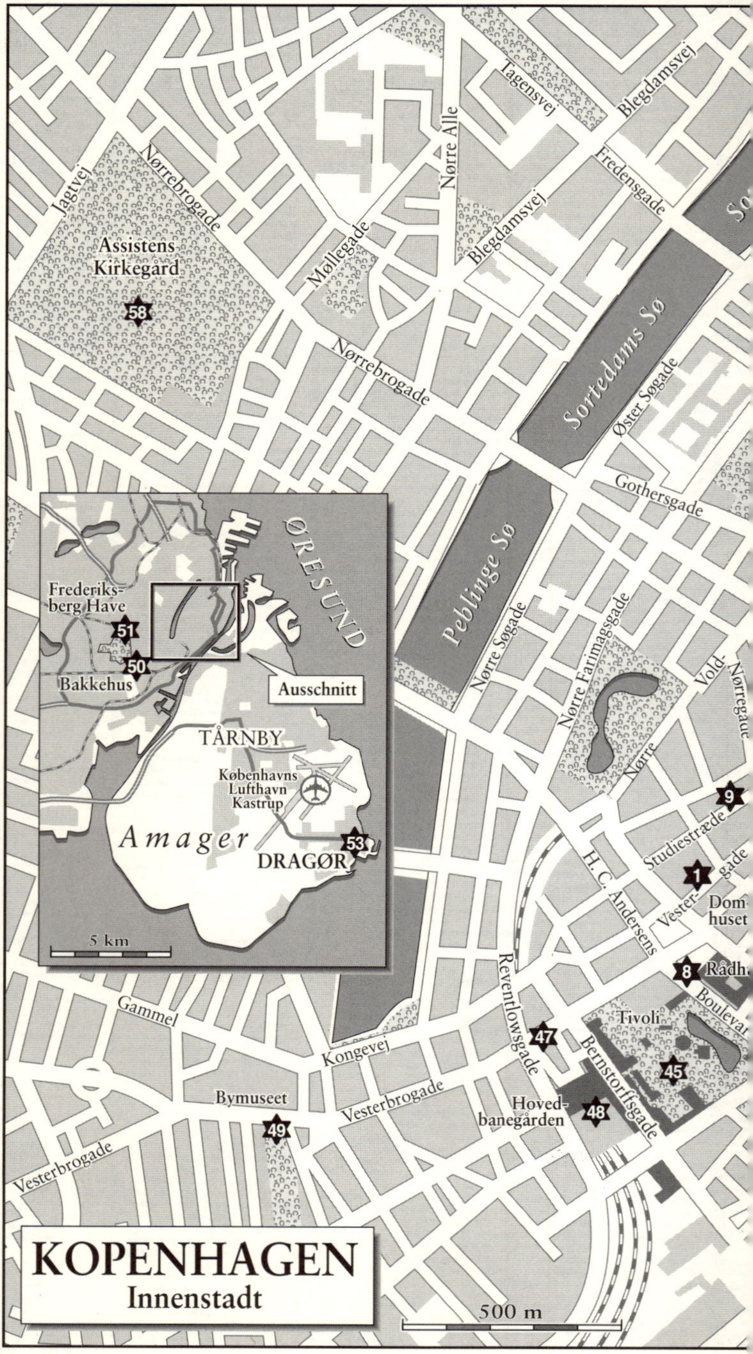
KOPENHAGEN
Innenstadt
Jagtvej
Nørrebrogade
Assistens Kirkegard
58
Møllegade
Nørre Alle
Tagensvej
Blegdamsvej
Fredensgade
Nørrebrogade
Sortedams Sø
Øster Søgade
Gothersgade
Peblinge Sø
Nørre Søgade
Nørre Farimagsgade
Vold-
Nørregade
Nørre
9
Studiestræde
1
Vester-
gade
Dom-
huset
H. C. Andersens
8
Rådh
Boulevar
Tivoli
45
Reventlowsgade
47
Bernstorffsgade
Hoved-
banegården
48
Gammel
Kongevej
Vesterbrogade
Bymuseet
49
Vesterbrogade
500 m
ØRESUND
Frederiks-
berg Have
51
50
Bakkehus
Ausschnitt
TÅRNBY
Københavns
Lufthavn
Kastrup
Amager
53
DRAGØR
5 km